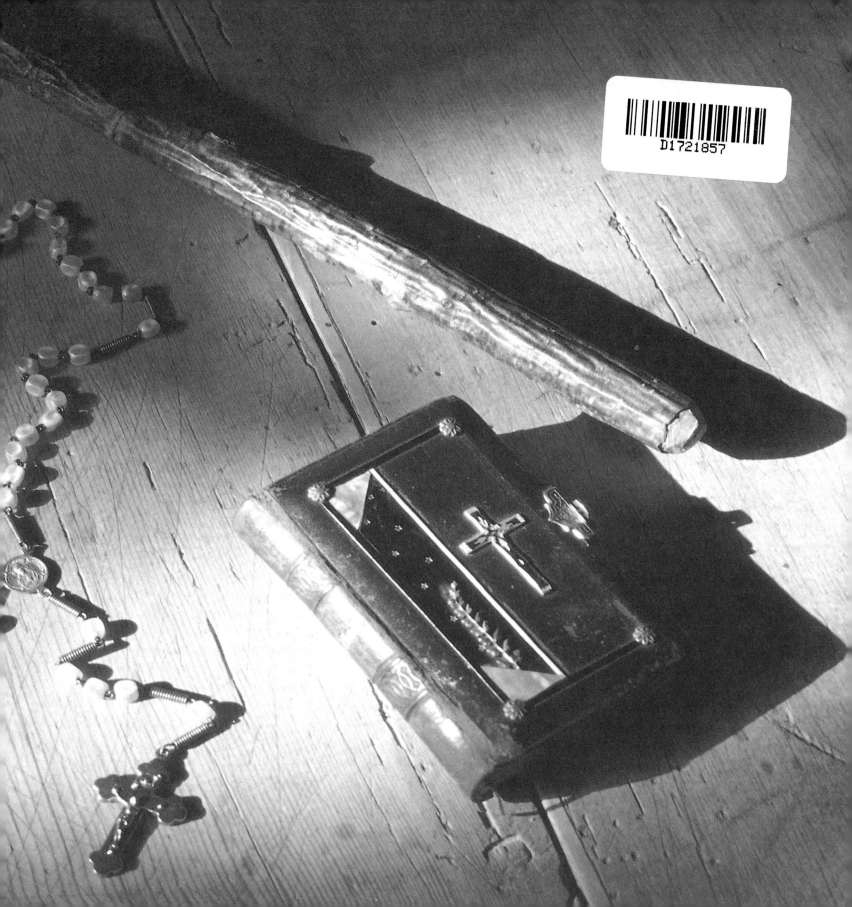

Rainer A. Krewerth

Adam&Eva

So zogen Sonderlinge über Land
oder
Zwei arme Teufel auf ihrem Weg ins Nirgendwo

Landwirtschaftsverlag
Münster-Hiltrup

*Die Heimat
ist ein Ort, an dem noch
niemand war.*

Ernst Bloch

Kreuz am Wege

Neben der Straße am Wegrand dicht
Ein Kreuzbild. Die meisten sehen es nicht.

Nur von den hastenden Füßen der Staub
Wirbelt hinüber auf Wiesen und Laub.

Und auf ein Antlitz, das unverwandt
Schaut auf die Straßen im weiten Land.

Sieht jedermann seine Straße gehn
Und hat auch dich und mich gesehn.

Walter Filbry

Witte Flocken

Nu fallt de weeken Flocken wier
up use stille Kluse.
Verdecket alls, wat mö un müör.
Un du bis nich in Huse.

In griese, kaolle Winterlucht
fleigt wille Gais'.
'ne heele Tucht
klagt üöwer use Kluse.
Un du bis nich in Huse.

Föllt hier de Snai up't swatte Dack,
is dien't all lange witt.
Miärks nich mehr, wu de Austenwind
scharp in de Augen bitt.

Slaop sacht in diene Kluse!
Du kamms nich mehr nao Huse.

Ottilie Baranowski

Adam & Eva Zwei arme Teufel aus Westfalen

Die Vertreibung aus dem Paradies – eine Darstellung des 19. Jahrhunderts

Ihr Zuhause ist die Landstraße, sind Heide, Busch und freies Feld. Ruhelos ziehen zwei Menschen um 1900 und noch Jahrzehnte danach durch das westfälische Münsterland. Oft werden sie in den Klatenbergen beim Wallfahrtsort Telgte gesehen. Sie sind aus dem Paradies kleinbürgerlicher Geborgenheit davongestolpert. Das neugierige Volk erinnert sich des Religionsunterrichts und gibt dem Paar die biblischen Namen Adam und Eva. Ab Seite 9 wird sein Lebensweg rekonstruiert. Der weite, weite Wanderweg von Anton Micheel und Maria Theresia Josepha Rickers, einem Ehepaar auf ruheloser Walz.

Einsam über karges Bauernland –
Adam und Eva in der Nähe der westfälischen Provinzialhauptstadt Münster.
Mit knappem Gruß staken sie an den
Menschen vorüber, denen sie auf ihrer
rastlosen Wanderung begegnen. Weiter,
immer nur weiter…

Heerscharen von Bienen summen und brummen, schwirren und schweben über die weite, fast baumlose Ebene. Am fernen Horizont, über dunkeldichtem Kiefernbestand, beginnt der blaue Spätsommerhimmel sich unmerklich zu verdüstern. Noch aber brennt und sengt die Sonne das staubige, ausgedörrte Ostmünsterland. Die Besenheide, verholztes, von Schafherden kurzgeknabbertes Gestrüpp, hält mit ihren Wurzeln den weißgrauen, unfruchtbar kargen Sand nur mühsam am Boden.

Jenseits des Moortümpels, eines verlassenen Torfstichs, beginnt zaghaft das Wollgras zu flocken. Weißliche Büschel, dicht an dicht, werden vom Westwind gewiegt. Über der glucksenden braunen Brühe sirren und tanzen Kaskaden von Mücken. Aus den Wallhecken weiter östlich, nach Einen und Milte zu, hat sich ein Wiedehopf in die Einsamkeit verirrt, aufgescheucht und vertrieben wohl von den Bauern, die dort mit Pferdegespannen ihre Getreideernte einfahren.

Man sieht die Hitze.
Und man hört die Stille.
Wie klein ist heut
die ganze Welt!
Wie groß und grenzenlos
ist die Idylle...

Erich Kästner

...nähert sich von Westen

ein *seltsames* Paar

der Idylle

im Heideland.

Auf einem birkengesäumten Heideweg nähert sich von Westen ein seltsames Paar der Idylle im Heideland. Es ist um das Jahr 1910. Die kleine Frau, die, auf Stöcke gestützt, resolut voranzieht, blickt immer häufiger zum Himmel. Über die Schulter giftend treibt sie zur Eile: »Tao, Klüngelanton! De Wolken stuket sick. Wi kriegt dat Fell natt. Tao, et wätt Tiet, wi mött nao Milte!« Voller Vernien fügt sie hinzu: »Et giff Riängen, tao!« Und murmelt monoton den Schmerzhaften Rosenkranz: »Der für uns ist gekreuzigt worden«.

Der hagere Mann, dem die Schimpfworte gelten, merklich größer als sie, drei, vier Schritte nachhinkend, abgehackt humpelnd auf staksigen Beinen, auch er gestützt auf derbe, haltbare Stöcke aus Haselholz – dieser hünenhafte Wanderer verzieht bitter das verwitterte Gesicht und schneidet eine resignierte Grimasse. Kaum hörbar brummt er vor sich hin, stottert in seinen griesen langen Bart: »Schenn' du män, alltiet met dien Hassebassen! Et gaiht nich henniger. Laot mi tofriär, aolle Gaffeltange!« Aber dann gibt er sich und antwortet laut: »Jau, jau, ick kueme all.« Vorn wird weiter gemurmelt: »Der für uns Blut geschwitzt hat.«

Hinter blaurotem Heiderand
Dunkelt steil eine Föhrenwand
Schweigsam und ernst wie ein Nonnenchor.
    Die lichtweiße Birke drei Schritte davor
    Schmiegt sich in Wind und Sonnenschein
    ganz tief hinein.

Vielleicht – die Föhren sind grau und alt –
Entlief sie heimlich dem dunklen Wald
Und hat sich (drei Schritt) in die Heide gestellt:
»In Sonne und Welt«.

Walter Filbry

Bilder aus versunkener
Zeit. Adam und Eva begeg-
nen einem Krammetsvogel-
fänger. Im Volksmund
heißt er »Pott stillen
Hinnerk«, Potts stiller
Heinrich. Die Krammets-
vögel, die er in der Hei-
de fängt, sichern ihm
ein Zubrot zum kargen
Kötterlohn. Krammetsvögel
sind Wacholderdrosseln, begehrte Leckerbissen in
städtischen Restaurants. Der Weg des Landstreicherpaars führt häufig an der Haskenau bei Münster
vorüber, einer verfallenen Burganlage aus der Zeit
vor der letzten Jahrtausendwende (großes Bild).

Von hinten das verzagte Echo, düster und dumpf, taube Hoffnung in der Hoffnungslosigkeit, stammelnd aus schadhaften Zähnen gepreßt: »Heilige Maria, Mutter Gottes, bitte für uns Sünder, jetzt und in der Stunde unseres Todes. Amen.«

Als der Wiedehopf auf einem Ginstergnom landet, nimmt eine Handvoll Wacholderdrosseln schackernd reißaus. Das »Hububub« seines hohlen Holzpfeifentons mischt sich eigentümlich unter dieses erregte Schackern und Schimpfen und das schrille »Knuiknui« der Kiebitze, die in bizarrem, grotesk gezacktem Flug über das Heideblaurot kobolzen.

Mit ruhigem, wohlgezieltem Schwingenschlag zieht hoch oben ein Graureiher nordostwärts. Den grazilen Hals hat er ins Rückengefieder gelegt, die schlanken Beine geschickt nach hinten gezogen. Er kommt von der schleifen- und mäanderreichen Ems und streicht wohl ab zur Hessel. Dort wird er, selbst jetzt im trokken hohen Sommer noch, an Fisch und Fröschen reiche Beute finden.

Auf herbstlichen Fang bereitet sich auch der Krammetsvogelfänger »Pott stillen Hinnerk« vor. Bald wird er seinen Vogelherd in der Heide herrichten. Seit vielen Generationen sitzt seine Familie in der Hütte aus Torfplaggen an, um Scharen schmackhafter Drosseln unters Netz zu locken. Ihr Verkauf bringt in Münster ein gutes Zubrot für den Winter.

Lesen Sie bitte weiter auf Seite 19.

Die Ems ist Deutschlands kleinster Strom. Sie entspringt im Heidegebiet der Senne nahe Paderborn und mündet nach 370 Kilometern verschlungenen Laufs über den Dollart in die Nordsee. Adam und Eva wandern immer wieder an der Ems entlang oder quälen sich über deren hölzerne Brücken. Mühselig und beladen mit ihrer dürftigen Habe, so ziehen sie dahin, zu jeder Jahreszeit, bei Wind und Wetter – zwei arme Teufel aus Westfalen.

Nochmals die Ems an ih-
rem Oberlauf zwischen
Senne und nördlichem
Münsterland. In den frü-
hen Wanderjahren unseres
Landstreicherpaars ist
der schmale Wiesenstrom
nur wenig reguliert und
schon gar nicht in ein
kanalartiges Wiesenbett
gezwängt. Manchesmal ra-
sten Adam und Eva unter
den herabhängenden Zwei-
gen der Uferbüsche und
kühlen ihre wundgelaufe-
nen Füße. Das Wasser des
Flusses ist noch kaum
verseucht von giftigen
Abwässern. Es bietet die Möglichkeit
flüchtiger Körperreinigung, dient
möglicherweise sogar als erfrischen-
des Getränk. Es mag sein, daß klamm-
heimlich gefangene Fische mitunter
zur dürftigen Ernährung beitragen.
Um 1900 und einige Zeit danach leben
noch viele Lachse in der Ems.

…nehmen nichts, aber auch rein gar nichts wahr von der Idylle der Heide.

Allen zusammengesuchten Besitz tragen Adam und Eva am Leibe, schleppen durch ihre kleine Welt, was sich zum Überleben eignen mag: Hüte und Hosen, Röcke und Jacken. Wenn Eva ruhen will, läßt sie sich einfach fallen ins federnde Kraut der Heide. Und wenn sie aufstehen will, zieht Adam seine kuglige Gefährtin an ihren Stöcken hoch. Bilder wie dieses, entstanden bei Telgte, werden tausendfach als Postkarten vertrieben. Fotografen verdienen, so scheint es, recht gut an ihren wohlfeilen Bildprodukten. Zu Anfang des 20. Jahrhunderts sind Sonderlinge willkommene Opfer bürgerlich-saturierter Neugier.

Die zwei Sonderlinge, mit bindfadengestopften Jutesäcken beladen, leinenbeutelbehangen, trippelnd, hastend, stolpernd in grob geflicktem, unförmigem Schuhwerk, trotz der Spätsommerhitze zwei- und drei- und vierfach mit Jacken und Joppen, Hüten und stinkend faulenden Pelerinen eher kostümiert als bekleidet, geschützt aber immerhin vor vielerlei Unbilden vierjahreszeitlicher Witterungen – die Sonderlinge auf den Ödfeldern des östlichen Münsterlandes nehmen nichts, aber auch rein gar nichts wahr von der Idylle der Heide.

...heißt Pause
von ruheloser
Wanderung.

Auch sie werden wie Exoten bestaunt, auch sie ziehen – wie Adam und Eva – am Rande einer festgefügten Gesellschaft dahin: Korbflechter gehören zu dem fahrenden Volk, dem unser Paar häufig begegnet auf seinen Wegen durch das Münsterland. »Das Pferd, der leibhaftige Hunger auf vier Beinen« – so wird das Foto im Westfälischen Heimatkalender 1972 betitelt.

Sie haben nur ein Ziel, und das heißt Milte. Heißt schützende Scheune bei einem Bauern. Heißt Dach über dem Kopf und bergende Wände für die Nacht. Heißt Lager auf Stroh und Heu. Heißt Brosamen und Butterbrot von Landleuten, denen es besser geht. Heißt Korbflechterei und nackter Überlebenslohn. Heißt Pause von ruheloser Wanderung. Heißt Tagesziel für ein Vagabundenleben, das solche Ziele nur für Stunden kennt: karge, kümmerliche Ruhepunkte in unsteter Ziellosigkeit. Heißt ratloses Verharren nach Jahrzehnten, Jahren, Monaten, Tagen, Stunden, Minuten, Sekunden, die sich eintönig aneinanderreihen und doch keine Summe machen.

Essen und trinken, Feuerchen entfachen im abseitigen Nirgendwo, im Windschatten einer sommerlich-staubigen Wallhecke, im matschkalten Schnee hinter tröpfelnd-feuchten Feldschuppenwänden, um in Blechbüchsen Kartoffeln zu garen; rasten, aber nicht ruhen, laufen, laufen, laufen, wieder rasten, wieder essen und trinken und unterm Vogelbeerbaum flüchtig die Notdurft verrichten – alles, alles dreht sich im Kreis. Doch wie aus der verrinnenden Zeit keine Lebenssumme wird, so wird aus den alltäglichen Nichtigkeiten und Notwendigkeiten kein Bild.

Lesen Sie bitte weiter auf Seite 27.

Gesichter, die das Leben auf der Straße gekerbt hat: eine 82jährige Zigeunerin, die ganz selbstverständlich ihr Pfeifchen raucht, und der alternde Anton Micheel alias Adam. Es ist kaum anzunehmen, daß der ehemalige Schneider und seine Gefährtin besondere Freundschaft zu den fremdartigen Zigeunern gehegt haben. Ganz sicher sind auch sie in ihrer Kindheit mit dem Verdikt konfrontiert worden, daß diese Menschen stehlen und Kinder rauben.

Kinder der Landstraße,
Weggefährten von Adam
und Eva in den ersten
Jahrzehnten unseres Jahr-
hunderts: Lumpenhändler,
Besenbinder, Landstrei-
cher und der Kiepenkerl.

Seinen Namen
hat letzterer
von der Kiepe
auf dem Rücken,
die ihm auf
seinen Wegen
von Dorf zu
Dorf, Markt
zu Markt, Hof
zu Hof als
Transportmittel
dient. Er han-
delt mit aller-
lei Kleinkram,
dient der Land-
bevölkerung
aber auch als
Übermittler
von guten und
schlechten Nach-
richten. Gar
nicht selten
läßt er sich
als Anbahner
mehr oder min-
der sinnvoller
Ehen benutzen.

Der Warendorfer Künstler Manfred Kronenberg hat das Thema Adam und Eva auf seine Weise umgesetzt. Nach einer weitverbreiteten Postkarte zeichnete er das Paar mit kindlich-naiven Zügen. In der Tat werden die zwei als harmlos, ehrlich und grundsätzlich gutmütig geschildert. Nur wenn sie verspottet wurden, setzten sie sich mit deftigen Verbalinjurien und Drohungen zur Wehr.

Die Sonderlinge sehen nicht die Schönheit ihrer Heide. Sie nehmen die blaurote Weite unter ihre schwieligen, mitunter blaugefrorenen, dann wieder wunden Füße. Im Herzen ist neben der Not kein Platz für Poesie. Aber das seltsame Paar sieht mit der sicheren Witterung scheuen, verstörten Wilds die Birke, die sich in die Heide geschlichen hat. Deren krummer Stamm ist vom Verbiß der Schafe verschont, von gierigen Mäulern im wuseligen Wandern und Zupfen und Knabbern vergessen worden. Wind und Gewitter haben sie ruppig gezaust; krüpplig duckt sie sich zu Boden und neigt ihre lächerliche Krone den stachligen Spitzen der Wacholderbüsche zu.

Äußerst primitiv sind die »Gasthäuser«, in denen Adam und Eva Zuflucht suchen und Unterschlupf finden. Hier ist es eine verfallene Bleichhütte bei Füchtorf an der heutigen westfälisch-niedersächsischen Grenze. Feldscheunen, Viehställe und die Futterküchen der Bauernhöfe sind weitere Übernachtungsstätten. Das Landstreicherpärchen wird gern geduldet und auch mit Lebensmitteln versorgt. Jedermann weiß, daß von ihm keine Gefahr droht. Nur ins Haus läßt man die zwei so gut wie nie.

...d
...ei
...hren)
durch Fotograph
Rosenstengel (Warendorf)
aufgenommen.
Eigentümer: Th. Weyer
Warendorf

1

Abs.: Th. Weyer, Lehrer a.D.
441 Warendorf, Postfach 673

Der Lehrer Theodor Weyer (1897-1976) aus Warendorf (siehe auch die nächsten Seiten) ist einer der ersten, die sich – lange vor dem Zweiten Weltkrieg – mit Anton Micheel und Maria Theresia Josepha Rickers beschäftigen. Er schreibt eine kurze Biographie, die sich statt auf Geschwätz und Schauermärchen auf nachprüfbare Fakten stützt. Weyer fotografiert das Paar und sammelt Aufnahmen anderer Lichtbildner, siehe die Rückseite des Fotos aus dem angesehenen Warendorfer Atelier Rosenstengel, das 1925 auf dem Hof Hilgensloh nahe der Kreisstadt entstanden ist.

Der Himmel hat sich dunkel gefärbt. Wolken jagen durch das graue Blau: Gewitterwolken. Von Telgte her zucken schon Blitze. Ehe die ersten dicken Regentropfen aus wütenden Windböen in den Sand klatschen, hat das Paar die kümmerliche Birken- und Wacholderzuflucht erreicht und kauert sich in den dürftigen grünen Schutz. Es heult und pfeift in der Luft.

Nach einer Stunde ist alles vorüber; Litaneien und Rosenkranzgebete verstummen. Der Mann hustet und verflucht das Wetter. Mühsam rappelt er sich hoch auf seine staksigen Beine. Auch die Frau erhebt sich. Sie ordnet mit unbestimmbar steinernem Runzelgesicht ihre vielen klammen Kleider am ausgemergelten Leib, die sie mit schwerer Nässe zu Boden ziehen. Vogelgezwitscher zirpt und jubiliert aus frischer, abgekühlter, jetzt wieder strahlend blauer Himmelshöhe. Die aufsteigenden Lerchen dort oben...

Der Regen hat alles reingewaschen, was vorher staubig war und dürr. Doch wieder sieht und hört das Pärchen nichts. Sieht nur das Ziel in Milte, die schützende Scheune. Langt dort an am Abend, legt sich nieder auf stachliges Stroh und dämmert flüsternd, betend in die Nacht hinein. Der Mann hustet stärker.

Theodor Weyer (auf einem Familienfoto ganz rechts) bringt »Die Wahrheit über zwei münsterländische Sonderlinge« zu Papier und verbreitet seinen Text in Verbindung mit verschiedenen Fotos. So trägt er dazu bei, daß das Paar - links außen bei einer Rast am Wegesrand - noch populärer wird. Aus der zeichnenden Feder der Malerin Elli Grützner stammt das Bild von der Milter Dorfkirche, in der Adam und Eva mitunter gebetet haben mögen. Elli Grützner schuf diese und andere Federzeichnungen mit Ansichten aus dem Altkreis Warendorf gegen Ende der zwanziger Jahre - Stationen am immerwährenden Wanderweg von Adam und Eva.

Weiter, nur weiter,

aber nirgendwo hin.

Und da ist sie wieder, die Furcht vor schlotternder Erkältung, vor Lungenentzündung, vor dem Tod im Straßengraben. Eine endlose Nacht. Am Morgen geht es weiter, nach Velsen und Sassenberg zu. Oder über Warendorf und Dackmar nach Greffen, vielleicht durch die Vohrener Heide, vielleicht in Richtung Westkirchen. Weiter, nur weiter, aber nirgendwohin.

Die Heide, der Hund, die knabbernden Schützlinge – Schäfers Revier ist das freie Feld, und es ist auch die Heimat von Adam und Eva. Aber was bedeutet schon Heimat unter dem weiten Himmel, wenn jeder Tag mit neuen Sorgen beginnt: Wo werden wir schlafen, wo Schutz finden vor Nässe, Kälte, brütender Hitze, wo ein wenig zu essen bekommen? Fische aus Bächen und Flüssen, Beeren und Kräuter vom Wegesrand, möglicherweise mal Hasen oder Kaninchen, die sich mit flink gezieltem Stockschlag töten lassen und über einem Feuerchen gebrutzelt werden – Adam und Eva leben von dem , was sich im Vorübergehen erhaschen läßt, von harmlosem Mundraub und milden Gaben. Sie stehlen nicht, sie säen und sie ernten nicht, und der liebe Gott, dem sie kindlich ergeben vertrauen, ernährt sie doch.

Noch lange nach dem
Zweiten Weltkrieg – Adam
und Eva sind längst tot
– treten späte Nachahmer
auf den Plan. In Karne-
valsumzügen erscheinen
Figuren, die nur noch
ganz entfernt Ähnlich-
keit mit ihren Vorbil-
dern haben. Posthumer
Spott, mehr ist es
nicht, was sie produzie-
ren. Vom Elend des Land-
streicherlebens zeigen
sie nichts. Das Foto
entstand in den fünfzi-
ger Jahren in der Waren-
dorfer Altstadt.

Es war in den späten dreißiger Jahren unseres Jahrhunderts. Es war in Warendorf. Es hätte aber auch anderwärts sein können im westfälischen Münsterland. Weil Karnevalszug war – Adolf Hitler hatte schon vier Jahre das Sagen im Reich, doch daran hatte man sich nicht ungern gewöhnt –, weil nun mal die Narren loswaren, dachten die Leute, es sei zum Lachen. Aber es war eher zum Totlachen, und die zwei Sonderlinge, die da zur Narrenzeit dar- und nach- und ganz und gar nicht komisch vorgestellt wurden, hatten erst wenige Jahre zuvor von ihrer irdischen Heimatlosigkeit Abschied genommen.

Allerdings hatten sie sich nicht totgelacht, sondern zu Tode getippelt, getrauert, geweint, gehungert, gedürstet, gebetet, geschwitzt, gefroren, geflucht, hatten sich verloren zu Tode geträumt.

Nach dem Zweiten Weltkrieg – Adolf Hitler und die Folgen waren fast schon wieder vergessen – tauchten die zwei Sonderlinge erneut auf, und wiederum in Warendorfer Karnevalsumzügen.

Schon kurz vor Ausbruch des Zweiten
Weltkriegs, im Jahre 1937, dienen
Nachahmer von Maria Theresia Josepha
und Anton Micheel einem schaulustigen
Publikum als vielbelach-
te Karnevalsfiguren. Auch
hier ist das Kreisstädt-
chen Warendorf Schauplatz
des Geschehens. Auf einem
Schild, das die Darstel-
ler tragen, steht zu
lesen: »Adam und Eva, die
wertvollsten Stücke des
Heimatmuseums, ziehen aus
wegen Rattenplage.« So
müssen die zwei gewisser-
maßen als Vehikel für
die Persiflage lokaler
Pannen herhalten. Nur
wenige Jahre später wird
es ernster: In der unmit-
telbaren Nachkriegszeit
tauchen Nachahmer mit
ganz andersartigen Moti-
ven auf. Im Vertrauen
auf die Popularität des
biblischen Paares schlüp-
fen Bettler in geschickt
nachempfudene Lumpenge-
wänder. In Münster wird
ein solches Duett u.a. im
Herz-Jesu-Viertel »Klein
Muffi« und in der Schwarzmarktszene am zerstörten
Hauptbahnhof gesichtet.

Arme Teufel auch sie,

Nachahmer,

Die wohlfeile Kopie hatte zuvor ganz reale, gewissermaßen wiedergeburtliche Gestalt angenommen. In der Not der Nachkriegsjahre machten sich, wie Zeitzeugen versichern, umherirrende Paare das mitleiderregende Vorbild von Adam und Eva zu eigen, um durchs Münsterland zu ziehen, in der Schwarzmarktszene am münsterischen Hauptbahnhof die Kleinorgel zu drehen oder an der Wolbecker Straße um Zehrgeld zu betteln. Arme Teufel auch sie, Nachahmer, aber nicht Adam und Eva.

Arme Teufel in Westfalen, ein Wanderpärchen in der Gegend von Wadersloh im äußersten Südosten des Münsterlandes. Es ist nicht überliefert, ob die zwei auf einen Adam-und-Eva-Bonus spekulieren bei ihren Bettelfahrten. Sie haben kaum Ähnlichkeit

aber nicht Adam und Eva.

mit dem längst verblichenen Ehepaar Micheel, und auch ihr Handwagen paßt nicht ins vertraute Bild. Doch im Volksmund des Altkreises Beckum werden sie fast zwangsläufig Adam und Eva gerufen.

...ein hinkefüßiger, rund um die Uhr und rund ums Jahr ambulanter Familienbetrieb...

Eines der besten Bilddokumente, die von Maria Theresia Josepha Rickers und Anton Micheel überliefert sind: Vor einem Ausflugslokal posieren die Landläufer für den Fotografen. Mag sein, daß er und die vergnügten Sonntagsnachmittagskaffeetrinkensgäste ihnen ein kleines Zehrgeld zustecken, ein Almosen zum Erwerb von lebensnotwendigen Dingen wie Salz, Zucker, Brot. Schnaps kaufen sie nicht, wie es heißt. Niemand sieht sie jemals torkeln. Auf dem Bild ist nicht nur die Wanderausrüstung des Paares besonders gut zu erkennen. Deutlich sticht das verpfuschte Bein des Mannes ins Auge. Beim Sprung aus einem Baum hat sich der jugendliche Anton, der spätere Adam gefährlich verletzt. Unzulängliche Behandlung hat ihn zum Krüppel werden lassen. Bilder wie diese hängen noch heute in Gastwirtschaften.

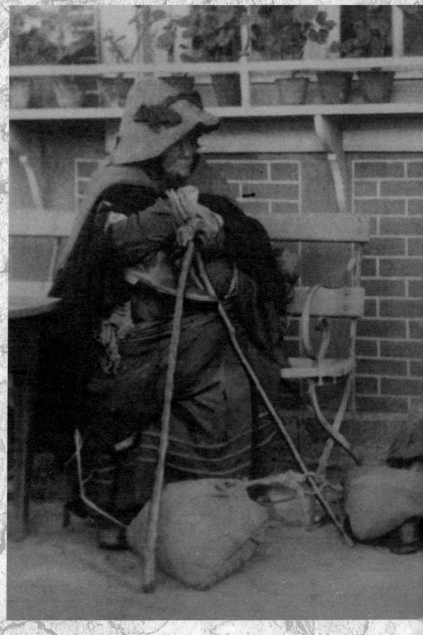

Adam und Eva, so hießen die Sonderlinge aus der Heideödnis – ein kinderloser, krummgebeutelter, hinkefüßiger, rund um die Uhr und rund ums Jahr ambulanter Familienbetrieb, zusammengeschweißt auf wenig Gedeih und viel Verderb.

Es war zu Lebzeiten schon populär, unser Pärchen, und posthum gewann es noch an Ruhm hinzu. Ein paar Jahrzehnte Legendenbildung haben Adam und Eva so putzig werden lassen, so entwürdigend niedlich, daß sie bis heute im heimattümelnd-erinnerungsseligen Volk als münsterländische Originale gefeiert und schmunzelnd durchbuchstabiert werden in Worten, die sie nie gesagt, in Taten, die sie nie getan, in Gedanken, die sie nie gedacht haben können.

Späte Ehren für ein unvergessenes
Obdachlosenpaar: Mehr als ein halbes
Jahrhundert nach dem Tod von Adam
und Eva macht sich der Warendorfer
Künstler Kurt Broeker daran, ein
»Denk mal« zu schaffen, das nicht nur
an unser legendäres Duo, sondern an
alle »Nichtseßhaften« gemahnen soll, die außerhalb der formier-
ten Gesellschaft dahinziehen. Die Stadt Sassenberg stellt das
»Denk mal« an markanter
Stelle auf, ein Sponsor
leistet großzügige Finan-
zierungshilfe. Aktuelle
Zahlen machen die Berech-
tigung dieses unüberseh-
baren Denkmals deutlich.
In der ersten Hälfte der
neunziger Jahre, so wird
geschätzt, leben allein
in Nordrhein-Westfalen
über 150.000 Menschen
ohne Obdach, Tendenz
steigend!

Die Fakten, soweit sie nach gut einem Menschenalter noch prüfbar sind, offenbaren ein Schulbeispiel westfälischer Geschichtsklitterung. Fast alles, was über Adam und Eva kolportiert wird, ist falsch, so gut wie alles eine Mär, beinahe wie beim Kiepenkerl, von dem unter näherer Betrachtung auch nur die nostalgische Erinnerungsseligkeit plattdütsker Krinks bleibt.

Erstens: Adam und Eva hießen gar nicht so. Ein sensationslüsterner Volksmund hat ihnen diesen biblischen Firmennamen angehängt – wohl kaum aus christlicher Nächstenliebe, eher schon aus hämischer und selbstgerechter Lehnstuhlperspektive, aus jenem ofenwarmen, windgeschützten Winkel, der es erlaubt, aus dem Unglück armer Kreaturen noch Nektar zu saugen für die eigene Verlustierung.

Zweitens: Adam und Eva waren keine humorigen Originale, keine witzbegabten, geistsprühenden, skurrilen Entertainer; sie waren arme Teufel aus dem richtigen Leben, waren Asoziale, waren brosamensammelnde Lumpenvagabunden mit kindlich-frommem Hang zum himmlischen Jenseits, in dem es ihnen dermaleinst besser ergehen sollte; waren aber keineswegs Wermutbruder und Schnapsdrossel.

Auszug aus dem Taufregister der kath. Pfarrei .... St. Christina, Herzebrock

Bd. 1o   Jahrgang 1855 Seite 325   Nr. 31   Erzdiözese Paderborn

Name des Täuflings ....

Name des Täuflings .... Anton Micheel, ehelich ....

....

Eltern .... Caspar Micheel und ....
Gertrud Johannmersmann

Wohnort der Eltern: Pixel

Eltern ....

Geburt .... 25. Juni 1855 abends 11 Uhr ....

Taufe .... 28. Juni 1855

Paten .... Anton Johannmersmann, Kirchspiel Ahlen, vertreten durch
Hermann Ostermann,
Elisabeth Micheel, Kirchspiel Marienfeld

Vermerke .... keine

....

....

Geburt .... 25. Juni 1855 ab

Paderborn, den 12.11.1991

Taufe   28. Juni 1855

Erzbischöfliches Generalvikariat Paderborn

Erzbistums-Archiv

Paten .... Anton Johannmersm
Hermann Ostermann
Elisabeth Micheel

EINHAUSVOLLGLORIE wollten sie schauen (und sangen dies wohl auch), wenn sie im nebelnassen irdischen Elend ihrer westfälischen Tage von Rheumaanfällen geplagt wurden und nicht einmal das Kaßmännken hatten, um sich in einer Kleinstadtapotheke ein wenig Linderung zu kaufen.

Adams richtiger Name ist Anton Micheel. Tönne kommt am 25. Juni 1855 als drittes von fünf Kindern des Schreiners und Kleinlandwirts Caspar Micheel in der Bauerschaft Pixel bei Herzebrock im heutigen Kreis Gütersloh zur Welt. Früh schon arbeitet er als Bauernknecht in der Nachbarschaft, in Queenhorn (ab 15. Dezember 1869) und Marienfeld – ein hagerer, hochaufgeschossener, etwas einfältiger Sonderling von Jugend an. Er gilt als zuverlässig, tut und macht, was ihm aufgetragen wird, und sagt und fragt nicht viel. Er hält sich abseits und wird gelegentlich bespöttelt und verlacht. Er ist ein »spaßiger Kärl«, als Versager verlacht von jedermann in Bauerschaft und Dorf.

Aber Tönne hat Unruhe im Blut, eine stille, nie recht ausgetobte, nicht einmal verhalten ausgelebte seltsame Rastlosigkeit. Eines Tages geht er als Schneidergehilfe vom Ostrand des Münsterlandes fort. Seine Spur verliert sich, ehe er sich 1890 - 1895 als Schneider bei einem Meister Brandhove in Telgte auf den Schneidertisch setzt. 1896 verdingt er sich als Gehilfe der Zwirn- und Nadelkunst an der Weseler Straße, später an der Ägidiistraße in Münster. Etwa um diese Zeit trifft er auf Eva.

Ganz bürgerlich beginnt ein Leben, das ganz unbürgerlich in Armut enden wird. Am 25. Juni 1855, abends um elf Uhr, kommt Anton Michael »ehelich« im elterlichen Haus zu Pixel bei Herzebrock (Foto) auf die Welt. So wird es im Taufregister der Pfarrei St. Christina bezeugt. Heute liegt das Dokument der Geburt im Archiv des Erzbistums Paderborn.

Evas richtiger Name ist Maria Theresia Josepha Rickers. Diese beachtliche Vornamenreihe deutet auf ein gutkatholisches Elternhaus, in dem der Herr nimmt und gibt und in dem sein Nehmen und Geben klaglos und demütig gutgeheißen wird von altersher.

Maria Theresia Josepha kommt, wie ihr späterer Tippelbrudermann, 1855 zur Welt. Der Glöckner der Liebfrauen- und Überwasserkirche zu Münster ist ihr Vater, auch er ein armer Teufel. Doch ist er immerhin eingebunden in die bürgerlich-christliche Ordnung der überschaubaren münsterischen Welt rund um den Dom. Auf den 4. März gibt er die Geburt seiner Tochter zu Protokoll. Für große Tauffeierlichkeiten wird kein Geld in des Glöckners Kasse gewesen sein. Nur zu mühsam wurde sie gelegentlich aufgefüllt durch die kargen Einkünfte aus einem Hökerlädchen an der Korduanenstraße.

Des Glöckners kleinwüchsiges »nettes Dierken«, das aufzupäppeln seine Frau sich redlich Mühe gibt, schuftet gegen Ende des 19. Jahrhunderts als Magd an verschiedenen Orten des Münsterlandes, im Westkirchener Gasthof Robert zum Exempel und in der Kaplanei desselben Ortes zwischen Warendorf und Ennigerloh. Dieses »nette Dierken« gerät in eine Region, in eine Zeit, in der so etwas wie ein westfälischer Goldrausch die Sinne der Menschen benebelt. Hinter dem Finkenberg zwischen Westkirchen und Ennigerloh, heißt es, fängt die Sünde an.

Sie muß einmal hübsch gewesen sein, die Eva aus Münster. Ein entbehrungsreiches Dasein auf der Walz hat ihre Gesichtszüge nicht zerrütten können. Die Mund- und die Augenpartie lassen freilich Skepsis und Enttäuschung, vielleicht ein wenig Härte erkennen. An der Korduanenstraße in der Provinzialhauptstadt soll der Vater von Maria Theresia Josepha einen kleinen Hökerladen unterhalten haben. Das Foto entstand vor den Zerstörungen des Zweiten Weltkriegs.

Steinkühler in den Kalk-
steinbrüchen bei Beckum
und Ennigerloh, Heizer
auf den Zügen, die durch
das industrialisierte
Land dampfen - es mag
schon sein, daß das Mäd-
chen Eva, diensttuend
in einem Gasthof und
der Kaplanei von West-
kirchen, einem verwege-
nen Burschen anheimge-
fallen ist für Momente
eines rasch verrinnen-
den Glücks. Gerüchte besagen, die Glöcknerstoch-
ter habe sich zur Kaiserzeit mit Offizieren der
Ägidiikaserne in Münster (Bild rechte Seite) ver-
trauensselig eingelassen. Belegbar sind die Tech-
telmechtel nicht. Aber hätten sie nicht ein Grund
sein können, zumal für kirchlich besoldete Eltern
der städtischen Unterschicht, das Kind zu verflu-
chen und ihrer dürftigen Wohnung zu verweisen?

Steinkühler nennt man die Männer, die für kaiserlich privilegierte, gründerzeitlich ehrgeizige Unternehmer Kalkstein aus riesigen Gruben brechen. Diesen grauweißen Grundstoff braucht das Reich, um neue Fabriken, Städte, Mietskasernen hochzuziehen. Die Steinkühler sind vielfach Zuwanderer aus dem südlichen und östlichen Europa, Fremd- und Gastarbeiter, entwurzelt, hartgeworden, heimwehkrank. Ihr Vielstundentag, ihre Sechstagewoche, ihr seelisches Elend lassen sie saufen; lassen sie Schnaps saufen in solchen Mengen, daß die heimisch-westfälischen Kornbrennereien Konjunktur haben wie die Kalkbarone.

Es ist nicht unwahrscheinlich, daß Eva alias Maria Theresia Josepha Rickers, das »nette kleine Dierken« – selbst auf vergilbten Altersfotos trägt es noch hübsche Züge – mit dieser stumpfen, dumpf-begehrlichen Goldgräber- und Mannsbilderwelt in unerfreuliche Berührung kommt. Das nicht mehr ganz so junge Wicht fühlt sich zwar abgestoßen von den Kerlen, die verzweifelnd ihren billigen, wohlfeilen Fusel wie Wasser saufen. Und es erinnert sich an die Offiziere in Münster, die ihr in der Jugend nachstellten und von denen sie später gelegentlich erzählte.

Mag aber sein, daß das Mädchen aus Münster einem von den verwegenen Burschen anheimgefallen ist für kurze Zeit, daß er also Steinkühler in einer Kalksteinkuhle war oder Heizer auf einem der Züge jener Köln-Mindener Eisenbahn, die 1846 durch das einst so stille Bauernland an Werse und Lippe vorgetrieben wurde wie die Bahnen im Wilden Westen der Vereinigten Staaten von Nordamerika.

Die wohlgeordnete Welt am Wegesrand, in der Steinkühler nichts zu suchen haben – und Adam und Eva erst recht nicht. Mutmaßlich stumpfen, bestenfalls neugierigen Blicks ziehen sie an der Windmühle von Westkirchen und den Herrenhäusern Dieck und Vornholz vorüber, fragen sich insgeheim in Westkirchen und Ostenfelde, was die vornehmen »Kabbeleers«, die Adligen, wohl hinter den dicken Mauern ihrer Schlößchen treiben mögen…

Mag sein, daß die Wallhecken um Haus Dieck bei Westkirchen oder die Büsche um Haus Vornholz bei Ostenfelde stumme Zeugen kurzer Hingabe gewesen sind, daß ein leichtsinniger Freier aus fremder Ferne das Wicht beschwatzt, betört, auch herumgekriegt – und es dann doch schmählich sitzengelassen hat.

Dies ist die betörend rauschhafte, leichtsinnige Zeit, als Kaiserdeutschland genüßlich den Sieg von 1870/71 über den Erbfeind Frankreich bis zur bösen Neige kostet. Alte Ordnungen geraten ins Wanken, doch oben bleibt oben und kommt noch höher. Unten bleibt alles beim gewohnten Elend. Oben: erst das Gold, dann die Moral. Unten: erst das Fressen, dann die Moral und, natürlich, die Frömmigkeit.

Eva wird hart. Sie sieht nun, daß sie sich mühsam wird durchschlagen müssen zum jenseitigen Paradies, in dem das HAUSVOLLGLORIE stehen soll. Sie wird hart und sucht doch nach dem kleinen Glück, so wie ihr Vater es daheim gehabt hat im fernen Münster an der Aa. Sucht das kleine Glück des kargen Tisches, an dem die Not tagtäglicher Gast ist. DERHERRHATSGEGEBEN.

Nein, so wie diese Kerle vom Finkenberg war er nicht, ihr Glöckner- und Krämervater in der westfälischen Hauptstadt. Gut, er war unterwürfig gegenüber der geistlichen und staatlichen Obrigkeit. Aber er ging brav und ehrlich seiner Wege, soff nicht, hurte nicht, zeugte Kinder und zog sie mit einer stillen, entsagenden Ehefrau groß.

Nein, so wie die armseligen, großspurigen, verzweifelnd trunkenen fremden Kerle in den Steinbrüchen und auf den münsterländischen Schienensträngen will sie nicht

leben, die Maria Theresia Josepha. So zu leben wie ihr Vater und ihre Mutter, das ist ihr aber auch nicht mehr gegeben.

Eva steht dazwischen. Steht eines guten, eines schlechten Tages auf, wechselt die Stellen, wandert, jahrt heran und sucht. Sucht Glück. Sucht ein Bröckchen dieses raren Stoffs.

Lesen Sie bitte weiter auf Seite 55.

Schlösser wie Harkotten-Korff (Hintergrund), Loburg (oben) und Harkotten-Ketteler (rechts, Aufnahmen zwischen 1898 und 1929) bilden die noble Kulisse eines elenden Lebens. Wie es später heißen wird, fallen für Adam und Eva aber auch an den Hinter- und Nebentüren wohlhabender Häuser mancherlei Brosamen ab. Das gilt für Adels- wie für die uralten Bauern- und Gutshöfe, an denen die zwei ihr »Guten Tag ins Haus« murmeln.

Walter Werland aus Münster, einer der frühen Adam-und-Eva-Biographen, widmet sich in Büchern und Zeitungsartikeln westfälischen Sonderlingen. Einer von diesen Wandersleuten ist Chrissjann Krimmeling (1821-1893), der »König der Sänger«. Er stammt aus Telgte und fristet sein Dasein als Topf- und Kesselflicker. Seine Spezialität ist es, beschädigtes Steingutgeschirr mit Drahtgeflechten zu reparieren. Zwei gedeckte Karren schleppt er über Land. Stets zieht er einen rund 100 Meter voraus, um dann den anderen nachzuholen. Seine ordengeschmückte Brust dankt er der Kundschaft. Sie spendiert diese Medaillen, um ihn für seinen Gesang zu honorieren. Denn er erfreut, wie Walter Werland notiert, sein Publikum mit einem Organ, dessen Spannweite »von der Fistelstimme bis zum tiefsten Baß« reicht.

Das ist das Land von Adam und Eva, damals um 1900 und noch viele Jahre später: Aus dem Moor (großes Foto) wird in mühseliger Handarbeit der nasse Torf gestochen, der in getrocknetem Zustand als Brennstoff für Herdfeuer und Öfen dient. Beim Plaggenstich (kleines Bild) wird die obere Schicht der Heide abgehoben und sorgt für Streu im Viehstall. Später, vermischt mit Rinderdung, bildet das Plaggengemenge einen guten Nährstoff auf kargen Böden in sandigem Bauernland.

Irgendwann und irgendwo im weiten, um diese Zeit noch recht unwegsamen Münsterland – vielleicht in Kinderhaus, vielleicht bei Telgte nahe der Gottesmutter, vielleicht in Münsters Herz-Jesu-Viertel Klein Muffi, vielleicht in Grevens weiten Heiden, vielleicht im einsamen Berdel bei Everswinkel und Alverskirchen –, irgendwann trifft Eva also auf ihren Adam. Die zwei fallen in Liebe (von Sünde ist nichts überliefert) und beschließen zu heiraten. Eva will Ordnung. Adam auch. Viel Zeit ist verronnen, viele Jahre sind in Armut vertan. Adam und Eva sind fast 42 Jahre alt.

In den Jahren, als die Bilder aus Moor und Heide entstehen, stellt sich eine Bauernfamilie aus Alverskirchen nahe Münster dem Fotografen. Alle haben sich feingemacht, der Bauer, seine Frau und zwölf Kinder. Solche Fotos, Familienschmuck inklusive, sind unabdingbare Merkmale einer – zumindest nach außen – gesicherten Existenz. Von Adam und Eva gibt es solche Bilder nicht. Wie hätten ihre Eltern so viele Kinder aufziehen, wie jemals einen Fotografen bezahlen können? Brüchige Welt der Jahrhundertwende, der ach so heilen Kaiserzeit – nur wenige Jahre nach dem Entstehen dieser Aufnahme müssen fünf der Alverskirchener Bauernkinder auswandern ins ferne Amerika.

№	Vor- und Zunamen des Bräutigams.	Namen, Stand und Wohnort des Vaters des Bräutigams.	Alter des Bräutigams. Jahr. Monat. Tag.	Ob Eltern oder Vormund die Einwilligung gegeben, und wie solches geschehen.	Ob er schon verehelicht gewesen.	Vor- und Zunamen der Braut.
1	Anton Micheel, Schneider	Caspar Micheel, Schreiner in Pixel bei Herzebroch	geb. 23. Juni 1855		unverehelicht	Theresia Rickers

Im Jahre 1897
wird die Ehe
zumindest auf dem Papier vollzogen.

im Jahre 1897.					
Namen, Stand und Wohnort des Vaters der Braut.	Alter der Braut. Jahr. Monat. Tag.	Ob Eltern oder Vormund die Einwilligung gegeben, und wie solches geschehen.	Ob sie schon verehelicht gewesen.	Tag der Copulation mit Buchstaben und Ziffern und Namen des Pfarrers der die Copulation verrichtet.	Vor- und Zunamen der adhibirten Zeugen.
Joh. Th. Jos. Rickers, Glöckner	gb. 4. März 1855	unter	ehelich	Januar 20. zwanzigsten Wienken	Jos. Bäumer Bern. Schneider

Im Jahre 1897 heiraten Maria Theresia Josepha Rickers und Anton Micheel in der Ägidiikirche zu Münster. Ein Pfarrer Wienken vollzieht die Trauung. Dieses Dokument aus dem Pfarrarchiv hat einen nicht zu unterschätzenden Stellenwert in unserer Adam-und-Eva-Biographie. Es belegt den seltenen Fall, daß ein kirchlich – und damit damals auch staatlich – verheiratetes Paar trotz dieses Akts der Ordnung und Sicherheit gemeinsam davonläuft in die Unwegsamkeiten der Landstraßen und der Feld-, Wald- und Wiesenwege – fort von den vertrauten Türmen der Überwasser-, der Lambertikirche und des Paulus-Doms zu Münster.

Im Jahre 1897 wird die Ehe zumindest auf dem Papier vollzogen. Am 19. Januar ist die standesamtliche Trauung. Pfarrer Wienken an St. Ägidii in Münster trägt tags darauf die kirchliche Trauung ins Kirchenbuch ein. Die ambulante, lausig arme Zwei-Personen-Firma hat nichts, nicht einmal ein gemeinsames Lager. Der Mann schläft im Kolpinghaus zu Münster – unruhig, wiewohl ergeben und träumerisch hoffend auf das HAUSVOLLGLORIE, das er in Herzebrock-Pixel nicht hat bauen können. Das ist Anton Micheel, der designierte Adam.

Maria Theresia Josepha, die designierte Eva, nächtigt alptraumgepeinigt, sorgengeschüttelt, häufig schweißgenäßt erwachend, am Ende stille Flüche durch die schadhaften Zähne stoßend, manchesmal die kleine, rissige rote Faust auf der Strohschütte ballend, bei den Eltern in der Korduanenstraße der Bischofsstadt oder auf einem Bauernhof in der Nähe.

Wir laufen einfach

Die Uhren an den Kirch-
türmen, die leidigen Zei-
ger, stets sich drehend
dem Ende zu. Adam und
Eva laufen einfach aus
der Zeit; sie ignorieren
jene Gesetzmäßigkeiten,
denen andere sich wider-
spruchslos beugen. Hat unser Paar sich
wohl einmal einen Besuch im Zoologi-
schen Garten des entsprungenen Pfar-
rers Professor Hermann Landois zu Mün-
ster gegönnt? Ein Verschnaufen vor dem Denkmal des hochgelehr-
ten Theologen, Philosophen, Naturwissenschaftlers, Schriftstel-
lers und - notabene - genialischen
Kauzes? Eines Mannes, der im 19. Jahrhundert das bürgerliche Publikum rund
um den Hohen Dom (Abbildung rechts)
ebenso fasziniert wie hintergründig
schockiert? Nein, Adam und Eva zieht
es wohl doch zur kümmerlich dröppeln-
den Aa, einem Wiesenbächlein, das sich
- langsam, westfälisch-gemächlich -
auf Münster zu, durch Münster hin-
durch, von Münster hinweg schlängelt.

aus der Zeit.

Man muß sich vorstellen, wie entwürdigend dieses Leben ist: Liebe vielleicht mal in flüchtig-heimlichen Stunden unterm Gebüsch der Promenade in Münster (den Aasee gibt's zu dieser Zeit ebenso wenig wie Kaisers Dortmund-Ems-Kanal vom Ruhrgebiet zur Nordsee, den Wasserweg maritim-majestätischer Macht und Herrlichkeit), möglicherweise ein mühsam zusammengestotterter – und nicht geschnorrter – Groschen für einen Besuch in Professor Landois'

Zoologischem Garten an quälend langsam und doch ungreifbar schnell zerlaufenden Sonntagnachmittagen; nicht die geringste Aussicht auf ein Quentchen Zweisamkeit in der nun folgenden Werkelwoche; verhuschte Kirchenbesuche unter den hochmütig emporgezogenen Augenbrauen besserer, weil bessergestellter Christen; der entsetzliche Gedanke, selbst bei gutem Willen, bei großem Fleiß, bei sehr viel Treu und Redlichkeit auch nach vielen Jahren

nicht eigenen Herd, eigenes Lager, eigenes Leben, eigene Kinder haben zu können und – welch winziges Erdenwurmpaar – haben zu dürfen.

Und das alles, wenn denn die kleine, unfeine, verhuschte, von vornherein verpfuschte Firma Adam und Eva gott- und obrigkeitsbefohlen tiefgläubig ist: immer und beinahe unverzagt hoffend auf das HAUSVOLLGLORIE jenseits der engen westfälischen Horizonte.

Adam und Eva – inzwischen hat Volkes Mund endgültig und unerbittlich diesen legendenträchtigen Namen geprägt – führen eine Ehe der seltenen Gelegenheiten; Zärtlichkeiten sind auf Zufälle beschränkt; es ist schwer, die knappen Freizeiten miteinander abzustimmen. Eva nimmt herbe Züge an im gutgeschnittenen Gesicht. Adam ergibt sich in sein Schicksal, dieser einfältige Sonderling, der nun niemals mehr seine Unruhe wird austoben können.

Das Pärchen trifft sich an einem Sonntagmittag, nach scheu absolviertem Meßbesuch, irgendwo im bergend grünschattigen Weidengebüsch der munter mäandrierenden Aa bei Münster, zieht resignierend, verzweifelnd und doch entschlossen Bilanz und sagt: Wir laufen einfach aus der Zeit.

Hermann Landois (1835-1905) posiert vor dem Denkmal, das er sich noch zu Lebzeiten selber gesetzt hat.

Es ist kurz vor dem lärmend begrüßten Jahr 1900.

Adam und Eva gehen auf die Walz. Das ambulante Unternehmen der Not schlägt sich durch, Schritt für elenden Schritt, tippelt durchs Münsterland, läuft rastlos und ratlos von irgendwo nach nirgendwo.

Eva, alias Maria Theresia Josepha, zockelt stets ein paar Schritte voraus und murmelt (o Seelentrost der Armen!) den monotonen Rosenkranz, wenn sie nicht gerade – nun endlich offen und laut – schimpft und flucht und keift.

Adam, alias Anton, zieht humpelnd hinterher. Seine Beine stehen merkwürdig schief, seit er nach einem jugendlich-übermütigen Sprung aus einem Apfelbaum zuhause in Pixel bresthaft geworden ist.

Die zwei schleppen ihre kümmerliche Habe am Leibe. Das sieht sehr komisch aus, ist auch scheinbar komisch, und es wird von nun an besagter Legendenbildung förderlich sein. Das erbarmungswürdige Paar trägt über-, unter-, nebeneinander Hüte, Hosen, Jacken, Mäntel, Röcke, Schürzen, Schuhe, Schamieskes; schleppt Speckstücke an Schnüren, Beutel mit Kartoffeln. Der Rosenkranz, das Billett für die Reise in die Ewigkeit mit ihrem HAUSVOLL-GLORIE, diese tröstliche Perlenkette mit dem lieben Heiland baumelt am Hungerleidergepäck.

Die zwei sind ratlos davongegangen. Sind rastlos aus Zeit und Welt gelaufen. Sie staken an ihren krummen Stöcken von Bauernhof zu Bauernhof, von Bauerschaft zu Bauerschaft, von Dorf zu Dorf, von Stadt zu Stadt. Sie stehlen niemals und nirgends in Milte oder Marienfeld, Greven, Gimbte oder Ladbergen, in Einen, Everswinkel oder Alverskirchen, in Havixbeck, Harsewinkel, Warendorf, Westkirchen oder Westbevern, in Sassenberg, Freckenhorst, Füchtorf, Telgte, Hoetmar und Beelen. Die ZEHNGEBOTE, die auch den Diebstahl untersagen, sind ihnen hoch und heilig.

Wenigstens das läßt sie in den Viehküchen, Scheunen und Remisen der Bauern denn nun doch ein klein wenig willkommen sein (Christen sind wir schließlich alle, und das komische Paar bringt immerhin ein wenig Verlustierung in den eintönigen Landalltag). Ins Haus läßt man Adam und Eva nicht. Sie stehen im Verdacht, Ungeziefer am Leib zu tragen.

Es ist nicht überliefert, sehr wohl aber anzunehmen, daß Adam und Eva in ihrem geschickt geschnürten Wanderergepäck einen Rosenkranz und ein Gebetbüchlein mit sich tragen. Sicher ist, daß sie, soweit es bei einem ambulanten Straßendasein nur möglich sein kann, allemal und stets von neuem die »Gesetze« des Rosenkranzes murmelnd beten, verbale Monotonien, die an ferne Kindheitstage erinnern mögen. Ferne Kindheitstage – mit großer Wahrscheinlichkeit haben die Eheleute Micheel im Volksschulunterricht zu Münster und Pixel bei Herzebrock brav und artig ihre Zehn göttlichen Gebote aus dem Kinderkatechismus des geistlichen Massenerziehers Bernhard Overberg (1754-1826) gelernt. Und haben in der Dorfkirche von Einen memoriert: »Du sollst Vater und Mutter ehren… Du sollst… Du darfst nicht…« Über die Kirche von Einen (Bild unten) gibt es dieses einprägsame Sprüchlein: »Die größte Stadt in England ist London an der Themse. Das kleinste Dorf im Münsterland ist Einen an der Emse.«

— 52 —

Wenn ich meinen Nächsten wie meines Gleichen hochachte und ihm alles das Gute, was ich selbst gern hätte, nicht nur gönne, sondern auch zu verschaffen suche, so viel ich kann.

231. Woran können wir wissen, ob wir Gott und den Nächsten recht lieben?

An der Haltung der h. zehn Gebote Gottes. Wenn wir uns aufrichtig bemühen, diese recht zu halten, so lieben wir Gott und den Nächsten.

Die heiligen zehn Gebote.

232. Wie lauten die heil. zehn Gebote?

Ich bin der Herr, dein Gott.

Erstes Gebot: Du sollst keine fremde Götter neben mir haben; du sollst dir kein geschnitztes Bild machen, dasselbe anzubeten.

Zweites: Du sollst den Namen Gottes deines Herrn nicht vergeblich führen.

Drittes: Gedenke, daß du den Sabbath heiligest.

— 53 —

Viertes: Du sollst deinen Vater und deine Mutter ehren, auf daß du lange lebest auf Erden.

Fünftes: Du sollst nicht tödten.

Sechstes: Du sollst nicht ehebrechen.

Siebentes: Du sollst nicht stehlen.

Achtes: Du sollst kein falsches Zeugniß geben wider deinen Nächsten.

Neuntes: Du sollst nicht begehren deines Nächsten Weib.

Zehntes: Du sollst nicht begehren deines Nächsten Haus, Acker, Knecht, Magd, Ochs, Esel, noch alles, was sein ist.

233. Wann wurden diese Gebote zuerst feierlich verkündigt?

Gott verkündigte sie dem israelitischen Volke nach dessen Auszug aus Aegypten unter fürchterlichen Zeichen.

Vorrede.

234. Sind die Worte: Ich bin der Herr, dein Gott, schon ein ausdrückliches Gebot?

Nun ja, mitunter schimpfen sie, die hinkefüßigen Exoten, wenn Kinder ihnen zu nahe kommen und höhnend ihre Spottworte rufen: »Adam und Eva, die laufen in den Wald...« Aber auch die Blagen stehen seltsam starr – Welten treffen aufeinander.

An ehrfurchtheischenden, obrigkeitlich-mächtigen Bauwerken wie dem Warendorfer Landratsamt ziehen Adam und Eva verstohlen vorüber. Die da oben in ihrer Sicherheit, wir hier unten im Landstreicherelend, so mögen sie mitunter denken. Wenn gar nichts mehr geht, stehlen die zwei sich in die bergenden Hecken gutgepflegter Gärten davon – gebeugt und gebückt, Erbarmen, o Herr!

Warendorf   Lange Kesselstraße mit Kreis-Sparkasse.

Nun ja, mitunter schimpfen sie. Anton Micheel, so vermutet Ewald Stumpe aus Everswinkel, Adam muß »mit den Behörden wohl mal schlechte Erfahrungen gemacht haben«. Und Eva muß das gewußt haben.

Sie hält ihren Ehemann und Weggefährten kurz. Wenn er aufmuckt, droht das einstmals so zierlich-zärtliche Persönchen unerbittlich: »Du saß di äs wünnern, wenn du maol in Greiben (Greven) vüörn Kadi kümms, wat ick alls van di vertellen kann.« Adam ist kaduck nach solchen Zurechtweisungen seiner Tippelschwester. Der schiefhüftige, hinkebeinige Sonderling begehrt nur selten auf. Die Erinnerungen an das Rencontre mit der Obrigkeit läßt ihn aber gelegentlich aufschreien. Sein Schrei lautet: »Met SCHRIEWERS soll'm sick lärst affgiewwen, wenn se up'n Klärkhoff liggt.« Welcher wohlbestallte Beamte in einem penibel aufgeräumten Behördenbüro mag Adam beleidigt, gedemütigt, gepiesackt haben?

Und so ziehen sie weiter, die zwei armen Teufel. Sie laufen und laufen, holpern und stolpern, frieren und husten, keuchen und beten, und mitunter fordert Eva das belustigte Volk am Wegesrand auf: »Vergiätt't nich, fö de armen Siälen to biäden.«

Für die lieben Kleinen im Münsterland sind Adam und Eva nichts weiter als aufregende Opfer eines kindlich-erbarmungslosen Spotts. Die Blagen rücken ihnen auf den Leib, wo sie sie zu sehen und zu packen kriegen, rufen Schimpf-und-Schande-Worte, betasten dreist und keck ihre doppeldrei- und-vier-fachen Kleider, fühlen ihnen mit Stöcken auf die buchstäblich faulenden Zähne.

So jedenfalls hat es mir meine Mutter berichtet, die das Paar um 1927 in der Gartenhecke meiner Großeltern am Warendorfer Münstertor lagern sah. »Sie waren erschöpft«, sagt meine Mutter, »müde und erschöpft. Es sah aus, als könnten sie nicht weiter.«

Sie können weiter, weil sie weitermüssen und weiterwollen. Zwei Verhöhnte ziehen und zockeln, humpeln und staken durch das ausgehende 19. und das erste Viertel des 20. Jahrhunderts, durch die ach so gute alte Kaiser-Wilhelm-Zeit, den Ersten Weltkrieg, die totgeborene Weimarer Republik und die miese Epoche der Inflation.

So treiben sich Originale im alten Westfalen umher. Originale? Wer denn, außer unseren tragischen Helden, wer denn weiß wirklich von beißender Winterkälte, gemildert allenfalls durch die süßlich-stinkige, gnädig gewährte Wärme des Schweinepotts beim Bauern in Irgendwo? Wer weiß vom nieseligen, griesigen, durchdringenden, grimmiggrauen, asthmafördernden Novemberreif, vom lausigen Regen im niederschlagreichsten Teilabschnitt der Westfälischen Tieflandsbucht?

Irgendwann wollen die zwei auch gar nicht mehr in feste Häuser. Sie sind glücklich, wenn sie unbehelligt draußen vor der Tür lagern dürfen und Kinder ihnen, den scheu harrenden Exoten, ein paar Brosamen, ein Butterbrot vom Tisch der Herren bringen, ein Stück Speck, eine Tasse Roggenkaffee mit Zichorie.

Wer spricht von sonnenüberglühten, staub-
überwehten, endlos fragwürdigen, verzwei-
felt in Frage gestellten Mittagen in der weiten Heide, wenn aus der nahen Ferne das
Kirchglöcklein zum ENGELDESHERRN ruft?

Am Horizont - nichts.
Für Adam und Eva gibt es
nur den Vordergrund:
Wo werden wir heute lan-
den, stranden, überdau-
ern? Der strickende
Heideschäfer ist - viel-
leicht, vielleicht - ein
Gesprächspartner über we-
nige Minuten hin.
Wortkarge Randfiguren,
diese einfältigen Einsa-
men am Ende der Welt.
Finden sie jemals den
Weg in die Alte Kirche
zu Warendorf (Foto
rechts, um 1913)?

Adam und Eva haben niemals etwas er-
wähnenswert Schlimmes angestellt in ihrem
kümmerlichen Wandererdasein; jedenfalls
halten die staatlichen, die Akten der Justiz
nichts fest, was strafbar gewesen wäre.
Adams Ausrutscher muß wohl doch eher
harmloser Natur gewesen sein. Die zwei
sind aus nackter Not, möglicherweise aus
Mangel an Raffinement auf dreißigjährigen
Trip gegangen, hoffend auf Broterwerb,
hilflos in lauernder Umgebung, verspottet
auf jeden schmerzenden Schritt, jeden
ausweglosen Tritt.

Ich könnte mir diesen knappen Dialog
vorstellen.

*Adam, zaghaft, schüchtern
und kaduck, der arme
Teufel aus Herzebrock-Pixel:*

*Das Paar hat inzwischen selbst schon
seine paradiesischen
Spottnamen übernommen
in die alltägliche Anrede.
Eva:*

»Eva, *wohin gehen wir?*«

»Adam, *ach, wir gehen.* Wohin?

'Frag' doch nicht…«

Freckenhorst, die romanische Stifts-
kirche mit ihrem mächtigen Westwerk.
Wieder neugierige Blicke, wieder
die unausgesprochene Frage: Was wollen die hier? Sollen weitergehen,
gehören nicht zu uns… In einem Telg-
ter Hospital, Hülle genannt, neigt
sich Adams Leben dem Ende zu. Weiß
irgendwer, was er in seinem letzten
Stündlein gedacht hat?

Adam, alias Anton Micheel, abgemagert, nur noch Haut und Knochen, stirbt am 29. März 1928 im katholischen Hospital »Hülle« in Telgte (kleines Bild). Er hat sich im strengen Nachwinter – diese kaltnassen frühen Frühjahre des Münsterlandes! – eine Erkältung, vielleicht gar eine Lungenentzündung mit Grippe zugezogen, hat hüstelnd, heiß fiebernd, fröstelnd, röchelnd und keuchend vierzehn Tage lang versucht, neben dem köchelnden Schweinepott eines Bauern nahe der Flintruper Kapelle bei Freckenhorst das unversicherte Leben vor dem ebenso unversicherten Krepieren zu kurieren, hat am Ende versucht, sich unter Fieberphantasien gegen Telgte zu schleppen.

Als Adam und Eva zum dortigen Bauern Eßmann gehumpelt kommen, ist die Körpertemperatur des schwerkranken Tippelbruders so bedrohlich gestiegen, daß ärztliche Hilfe unumgänglich scheint. Der Propst von Telgte und der Arzt Dr. Koch bemühen sich um geistlichen und medizinischen Beistand. Adam kann sich nicht mehr freuen und nicht mehr wehren, doch Eva schlägt, tritt, fuchtelt um sich. Sie keift und flucht und spuckt Gift und Galle, bis Feuerwehrleute mit einem Lastauto den Sterbenden und seine Gefährtin auf die »Hülle« bringen.

Nr. 31.

_____ Telgte, am 30. März 1928.

Vor dem unterzeichneten Standesbeamten erschien heute, der Persönlichkeit nach _____ _____ _____ _____ _____ _____ _____ _____ _____ bekannt,

Anzeige _____

wohnhaft in _____

und zeigte an, daß der Schmied Anton Michaelis

_____

_____

_____ 72 Jahre alt,

wohnhaft in _____ _____ _____,

geboren zu Herzebrock Kreis Wiedenbrück, verheiratet mit der Maria geborenen Rickers, _____ _____ _____

zu _____ Telgte im _____ _____ _____

am neunundzwanzig _____ ten März

des Jahres tausend neunhundert achtundzwanzig _____

_____ mittags um _____ _____ zehn Uhr

verstorben sei. _____

_____

_____

Vorgelesen, genehmigt und _____

_____ 16 Druckworte gestrichen _____

_____

Der Standesbeamte.

_____

zu. Geboren

am 10. Juni 1855.

zu _____

In seiner Todesstunde, nur wenige Tage später, mag vor Adams Auge noch einmal wie ein quälender Film jene Szene ablaufen, in der er das elterliche Fachwerkhaus in Pixel anzündet, ein übermütiger Scherz, eine zornige Kurzschlußhandlung, zu der manche Menschen in jungen Jahren neigen, um später doch in die ruhigen Bahnen bürgerlicher Normalität einzubiegen.

Adam ist 72 Jahre alt, als er endlich stirbt.

Er ist, als er von der Feuerwehr eingefangen war, stundenlang und nonnengütig reingewaschen worden vom tief in die kerbige Haut gewachsenen Schmutz der zerfurchten Feldwege, der heidigen Weiten seiner verschenkten Jahre, hat vielleicht noch einmal ERLÖSEUNSOHERRMEINGOTT gemurmelt, die ersten Zeilen des VATER-UNSER gebetet, GEGRÜSSETSEISTDUMARIA gesagt und EHRESEIDEMVATER und EINHAUSVOLLGLORIESCHAUET zu singen versucht, hat Eva angeblickt, möglicherweise noch einmal vor SCHRIEWERS gewarnt, vor strengen Schreibern in Behördenstuben, und sich dann endgültig aus dieser in eine – hoffentlich bessere – andere Zeit davongemacht.

Der gelernte Schneider Micheel aus Herzebrock-Pixel ist tot, gestorben »ohne festen Wohnsitz«, verheiratet mit der Maria, geborene Rickers, »ohne festen Wohnsitz«. Theodor Weyer skizziert, wo Adam auf dem Friedhof von Telgte begraben ist.

Die Oststraße in Warendorf, einer der Eingänge zur
behüteten alten Hansestadt. Agnes Miegel hat über
diesen Hort gesicherter Abgeschiedenheit wohlge-
formte Verse geschrieben. »Von der Heimat gehen ist
die schwerste Last, die Götter und Menschen beugt.«
Aber: Waren Adam und Eva
jemals Augenzeugen, wenn
eifrig bemühte Kloster-
frauen zum Fest Mariä
Himmelfahrt ihre bunten
Blumenteppiche formten?

Auch Eva ist schwach geworden, auch sie ist nun schon 72 Jahre alt. Mitleidig lassen die Nonnen von der »Hülle« sie in einer Kutsche zum Alten Friedhof von Telgte fahren. Das letzte Geleit, das sie ihrem Tippelbrudermann gibt, ist geschenkt wie alles in ihrem langen Wanderleben, und doch ist es so vornehm, wie sie es niemals zu träumen gewagt hätte. Am Ende ihrer dreißigjährigen Ehe steht eine fast gespenstische Groteske...

Eva, alias Maria Theresia Josepha Rickers, bei der Trauung in St. Ägidii zu Münster mit dem Hauptnamen Theresia ins Kirchenbuch eingetragen, hat in einem langen, unsteten Leben gelernt, hart gegen sich zu sein und Härte nach außen zu zeigen – gegen frühe Freier, die sie nur benutzten; gegen zynische Offiziere und entwurzelte Steinbrucharbeiter; gegen Obrigkeiten, die in Vaganten und Vagabunden Staatsfeinde sahen; gegen Blagen, die sie und ihren Tippelbrudermann neckten und piesackten. Sie hat geflucht, daß allein schon ihre Schimpfkanonaden zur Legende wurden. »Mancher ansonsten kreuzbrave Holzknecht hätte bei den beiden sein Schimpfwörterlexikon um viele Ausdrücke bereichern können«, berichtet ein Zeitgenosse.

Pelyte, am 16. April 19 30

Vor dem unterzeichneten Standesbeamten erschien heute, der Persönlichkeit

nach morgte das Vorstand des Sankt

Rochus-Hospitale haute schriftlich kannt.

die mutliche Anzeige

wohnhaft in

und zeigte an, daß die beruflofe Wilwe

Wilhelmik geborene Rickert

74 Jahre alt

wohnhaft in Kirchspiel Pelyte Bauerschaft Thuinghoff 27

geboren zu Künster, Schätzen

zu Kirchspiel Pelyte im Sankt Rochus-Hospitale

am fünfzehn ten April

des Jahres tausend neunhundert dreißig

vor mittags um sieben Uhr

verstorben sei

Vorgelesen, genehmigt und

Vorstehend 14 Druckworte gestrichen

Der Standesbeamte

In Verwaltung

Reichkamp

H. Geboren

10. Juni 1855

Schützen

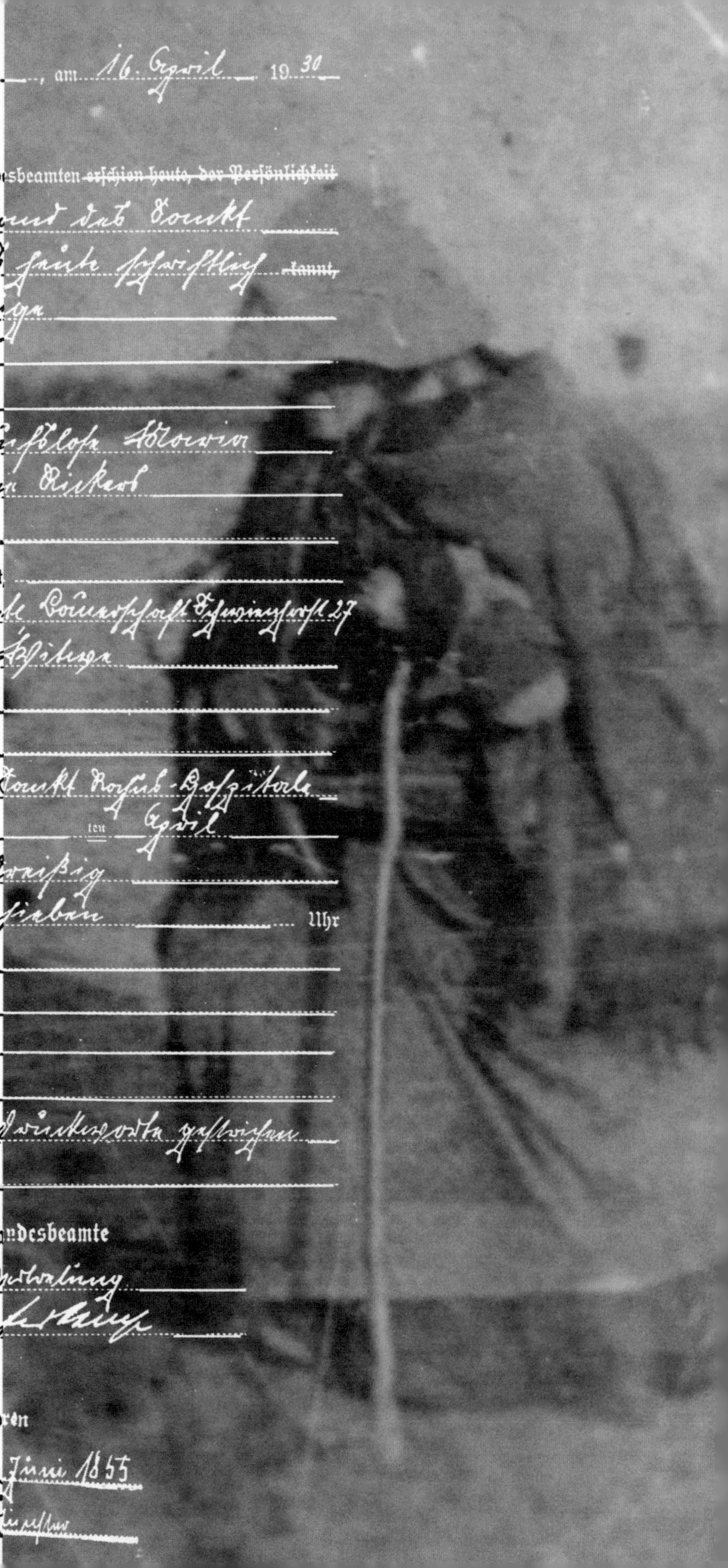

Aber zu träumen vom Glück, das hat die robuste kleine Eva nie verlernt. Mancher hat an ihrem Verstand gezweifelt, wenn sie auf sonderliche Weise von verborgenen Schätzen sprach, die sie nur noch heben müsse.

Und nun, im Frühjahr 1928, träumt sie ein letztesmal. Sie unternimmt einen allerletzten, mutmaßlich verzweifelten Versuch, ihrem aussichtslosen Erdendasein davonzulaufen ins freie Feld der Unfreien. Sie hält Ausschau nach einem neuen Gefährten für ihre ziellose Wanderschaft hinaus aus der ostmünsterländischen Zeit der Vor-Hitler-Jahre, und sie findet ihn auch. Sie erlebt noch einmal viel Not auf diesen endlosen Straßen und Wegen und schimpft und betet und schafft es doch nicht mehr.

In ihrem letzten Stündlein sieht sie – nun ganz klein geworden, noch schrumpliger, noch erbärmlicher – die Hecken und Zäune, die Höfe, die Kotten, die Dörfer, die Wegkreuze und die langen, langen Aussichtslosigkeiten, die sie mit Adam so viele Jahrzehnte gegangen ist, sieht die Rastlosigkeit ihres Lebens mit einem kauzigen Versager, sieht am Horizont keinen Silberstreif, sieht nur den trügerisch flimmernden Glast sonnenüberglühter, hitzegelähmter Heide, sieht staubige Feldraine und kältestarres, weißüberfrorenes Restmoor, hört den Regen prasseln, den der Nordwestwind vor sich hertreibt, riecht süßlich stinkenden Schweinepott, vernimmt den Hohn und den Spott der Kinder auf ihrer ziellosen Wanderschaft, sitzt noch einmal am kargen Tisch der Glöcknereltern zu Hause an der Korduanenstraße in Münster und stirbt am 15. März 1930 – auch sie unter Nonnenhänden, auch sie auf der »Hülle« – und wird nahe ihrem Gefährten auf dem Friedhof von Telgte ins Grab gelegt. Ein Priester ist dabei, einige Klosterschwestern murmeln die Totengebete. Von den vielen, die an Adam und Eva ihren Jux gehabt hatten, ist niemand gekommen.

Das letzte Fleckchen Erde der zwei Walzgenossen und Weltverzagten liegt nicht weit entfernt von jener Heide an der Ems, in der sie einst unter der krüppligen Birke und den Wacholdergnomen dürftige Zuflucht suchten; als also damals vom Himmel das schwere Gewitter kam.

Nun ist auch Eva tot, Telgte, 16. April 1930. »Vor dem unterzeichneten Standesbeamten« wird die »amtliche Anzeige« gegeben, daß eine »berufslose Maria« ihren ruhelosen Lebenslauf beendet habe. Niemand protokolliert, daß in Evas letztem Stündlein noch einmal alle Stationen eines schier endlosen Weges erscheinen: die Heide, die Korduanenstraße in Münster, die Bleichhütte bei Füchtorf, der Überwasserturm, auf dem der Vater als Glöckner geschafft hat, die Ems, die Ems...

Zwei
verhuscht-verpfuschte
Leben

Aber Heide und Moor sind nicht mehr. Sie sind unter den Pflug genommen und mit Kunstdünger melioriert worden. Mächtige Maschinen haben aus Landstreichers Nirgendwo fruchtbares Land, der Mensch hat sich die Erde untertan gemacht. Mit dem Pennerpaar ist eine Welt untergegangen – die kleine, überschaubare Welt des Münsterlandes zwischen Kaiserreich und Hitlerzeit. Eine gute alte Zeit war es wohl nicht, schon gar nicht für Maria Theresia Josepha Rickers und Anton Micheel. Aber von Heide, Moor und munter mäandrierenden Flüssen hätte uns ein wenig mehr bleiben sollen.

Adam und Eva haben nicht gesät und nicht geerntet, und der liebe Gott hat sie doch jahrzehntelang ernährt. Stets hatten ihre Stoßgebete so geendet: EHRESEIDEMVATERUNDDEMSOHNEUNDDEMHEILIGENGEISTEAMEN.

So war das also mit Adam und Eva, mit Maria Theresia Josepha Rickers und Anton Micheel. Dieses ist die Geschichte zweier verhuscht-verpfuschter Leben, nachempfunden anhand der Aufzeichnungen des Warendorfer Lehrers Theodor Weyer, dessen Neffe mir vor Jahr und Tag dankenswerterweise Fotos und Manuskripte des liebenswerten, längst verstorbenen Onkels übergab.

Zu danken ist auch älteren Mitbürgern aus Westfalen, die mir bei mancherlei Erkundigungen halfen. Sie erzählten aus den Erlebnissen ihrer Kindheit, und je tiefer sie eindrangen in die ferne Vergangenheit, desto offenkundiger wurde das Elend von Adam und Eva. Mir wurde klar, daß die Sonderlinge aus Münster und Pixel einem Paradies davongelaufen waren, das es nie gegeben hatte.

Zu danken ist dem Everswinkeler Bürger Ewald Stumpe, der getreu den Pfaden des Landstreicherpaares gefolgt ist und in Tageszeitungen wie der Glocke und den Westfälischen Nachrichten aufgezeichnet hat, was er gehört und gesehen; seine Mitteilungen waren recht wertvoll.

Dank gebührt ebenfalls Ottilie Baranowski, deren Gedicht »Witte Flocken« am Anfang dieses Büchleins steht neben den Zeilen von Walter Filbry mit dem Titel »Kreuz am Wege«. Von diesem Autor stammen auch die Heideverse auf Seite 11. – Sein Sohn Rainer Filbry hat mir das Recht zum Nachdruck gegeben. Er ist ein guter Freund der heiteren Muse wie der ernsten Nachdenklichkeit.

Erich Kästner schrieb die Zeilen von der großen und grenzenlosen Idylle, die Adam und Eva niemals gesehen haben und nicht sehen durften.

HANS SCHWARTZE *Adam & Eva*

oder

»Landlaipers« im Theatersaal

Adam un Eva of „Landlaipers"

*Laienspielschar der Kolpingfamilie Ostenfelde spielt
ein plattdeutsches Theaterstück · Regie Hans Schwartze
Saal Kröger, Ostenfelde · Eintritt 8,00 DM*

2. Weihnachtstag	Samstag	Samstag	Sonntag	Freitag	Sonntag	Sonntag	Sonntag
26.	**30.**	**6.**	**7.**	**12.**	**14.**	**21.**	**21.**
Dezember-20 Uhr Premiere	Dezember-20 Uhr	Januar-20 Uhr	Januar-20 Uhr	Januar-20 Uhr	Januar-20 Uhr	Januar-14.30 Uhr Senioren	Januar-20 Uhr

Mehr als sechs Jahrzehnte nach dem Tode von Maria Theresia Josepha Rickers und Anton Micheel beschäftigt das Wanderleben der Landlaipers, der Landstreicher aus Münster und Pixel, ein vieltausendköpfiges Theaterpublikum. Der erfahrene Pädagoge, Stückeschreiber und Regisseur Hans Schwartze hat Szenen aus dem Leben von Adam und Eva zu einem plattdeutschen Bühnenstück verdichtet. Seine Schauspieler, allesamt Laien aus der Spielschar der Kolpingfamilie Ostenfelde (Kreis Warendorf), führen mehr als zwanzigmal vor stets vollbesetzten Sälen »Adam un Eva of Landlaipers« auf. Die Zuschauer, aber auch die professionellen Kritiker loben das begeisternde Spiel der Darsteller und den herzerfrischend lebendigen Text des Autors,

ebenso auch dessen geschickte Regie, das realitätsnahe Bühnenbild und die Kostüme. In der Presse, im Rundfunk und im Fernsehen feiern Adam und Eva theatralische Wiederauferstehung, ungezählten Lesern, Hörern, Zuschauern wird ein tragisches Außenseiterdasein nahegebracht. Fraglos sind die »Landlaipers« im Winter 1995/96 das Theaterereignis auf den Laienbühnen Westfalens.

Das Spiel von Adam und Eva geht unter die Haut. Die erfahrenen Darsteller Gertrud Wellerdiek und Tönne Schmalbrock (Bilder auf den folgenden Seiten) tragen in vorzüglichem Platt Hans Schwartzes saftige Dialoge vor. Sie und alle anderen Schauspieler werden vom Puplikum mit Beifall überschüttet. Liebhaber niederdeutscher Bühnenstücke können sich freuen; Hans Schwartze, hauptberuflich in der Lehrerfortbildung tätig, wird weitere Stoffe auf jene Bretter bringen, die ihm und seiner Spielschar die Welt bedeuten. Das Foto (Mitte) zeigt ihn nach der Premiere seines Adam-und-Eva-Stücks 1995. In der Saison 1994/95 ging er in dem Stück »Spökenkieker« selbst auf die Ostenfelder Bühne (links im Bild oben, rechts sein Ensemblemitglied Ludger Wehling).

Adam un Eva
of „Landlaipers"

Laienspielschar der Kolpingfamilie Ostenfelde spielt
ein plattdeutsches Theaterstück · Regie Hans Schwartze
Saal Krüger, Ostenfelde · Eintritt 8,00 DM

Viele glückliche Fakto-
ren tragen zum Gelingen
des Landstreicherstücks
bei. Da ist einmal ein
Text, der alle klangvol-
len Möglichkeiten der
niederdeutschen Sprache
ausschöpft, alle Nuan-
cen zwischen zart-ver-
halten und zupackend-
derb. Dann ist da die
Begeisterungsfähigkeit
einer dörflichen Spiel-
schar, die seit vielen
Jahren wie Pech und
Schwefel zusammenhält.

Da sind schließlich das Bühnenbild, die sorgsam ausgewählten Requisiten und die Kostüme, die den Zuschauern eine vergangene westfälisch-ländliche Welt zeigen – beileibe aber keine heile Welt, wie sie von phantasielosen Nostalgikern immer wieder erinnerungsselig herbeigewünscht wird. Eva alias Gertrud Wellerdiek und Adam alias Tönne Schmalbrock erfüllen den Schwartze-Stoff mit praller Präsenz. Evas Gebete und Schimpf-und-Schande-Wörter, Adams knappe Kommentare klingen den Zuschauern noch lange in den Ohren.

Heike Schwartze, die Tochter des Stückeschreibers, tritt in hinreißender Naivität neben Eva auf. Die Pädagogikstudentin, im Privatleben eher zurückhaltend, erweist sich - wie Gertrud Wellerdiek - auf der Bühne als Naturtalent. Auch sie, die jugendliche Magd auf einem Bauernhof des frühen 20. Jahrhunderts, trägt mit ihrem eindringlichen Auftritt dazu bei, das Landstreicherspiel unvergeßlich zu machen.

Adam und Eva
auf der Bühne
eines Gast-
wirtschafts-
saales in
Ostenfelde:
So, oder so
ähnlich, mögen die Ehe-
leute Micheel damals,
um 1900 und danach, ver-
zagt und hoffnungslos vor
irgendwelchen Schuppen
im weiten Land gesessen
haben - zwei Menschen
draußen vor der Tür…
Im Hintergrund (auch auf
einigen der nächsten
Seiten) Auszüge aus dem
Typoskript von Hans
Schwartzes Landlaiper-
Stück.

Docht
gaoh
Dat i
dann
Schla
(wuts
Vedde
Kalenner!
Dat kümp mi jä guet topaß. Schlaop du men off bekiek di
nao'n biätken de Sterne, dann will'k mi bi Fuselkamps iärst
is eenen drinken. Et geiht nix üöwer ne Frau, de aobends
froih moie is.   (ab nach rechts)
(schleichen von links und rechts heran)
(zum andern) Büs du auck utbüxt?
Ie, use Mama häww seggt, dat ick no en half Stündken buten
spiälen draww.
Bi us häww't se nix miäket. Use Mama schlöpp all, un use
Papa is siäker nao in de Weertschopp gaohn.
Häs du den Rock?
Tau, hiär! (holt einen Rock hinter dem Rücken hervor) Ick
kang 'ne hiärhen, dao wet se en wull finnen.
Dat is jä langwielig. Iärst daot wi se nao en biättken
ärgern!

nich! Patt segg äs, wat is denn de annere för eenen?

Lisb: Den hät use Moder up'n Hoff kuemen laoten, dat ick de
Geschmack an finne un van di de Finger laot. De mott gena
so viell Geld häbben äs dat he däosig is. Adam un Eva, de
beiden Landlaipers, häwwt den besuorget.

Terr: Un wat denkt se, wecken ick sin? De is ganz upfallend

büs. Mak, dat du up diene Schauspiälschaule kümps, du
Fisematentenmaker. Du kriggs miene Dochter nich. Dao häw
ick all vörsuegget. Verlaot faorts mienen Hoff un laot d.
nich wiär blicken.

Terr: Ick gäoh jä all Schüßken, Lisbeth, un paß up, dat diene
Moder di nich bitt.

Kiek an, Lisbeth, büs wiär dao?

Stin: Hääl Wat is di dat en Schubiak. Du wes diene Modér nao
dankbar sien, dat se di vör düssen Nixnutz bewahrt häww.
(jetzt ganz süßlich) Du, Lisbeth, wat ick di nao seggen
wull. De Arbeit, de weß us hiär up'n Hoff reinewg üowern
Kopp. Jä, un dao häww ick vanmuorn all twee niee Knechte
instellt. Ganz taufällig kammen se up'n un Hoff un häwwt
nao Arbeit fraoggt.

Lisb: Eenen häww ick all kennenlernt, de is so däosig äs he la

Das Leben der Landlaiper spult vor dem Hintergrund einer vermeintlich sicheren Bauern- und Bürgerwelt ab. Der Beginn des technisierten Zeitalters spielt in Metropolen und Ballungsräumen. Die Eheleute Micheel treffen nur am Rande ihres Wandererreviers auf Autos, Motorräder, Eisenbahnen. Nein, ihre Welt ist die der ländlichen Provinz. Sie sehen gern zu, wenn - wie auf dem Foto aus Warendorf - Bauern und Händler um kümmerliches Vieh feilschen. Sie machen Rast an einer der zahlreichen Emsmühlen, die damals am kleinen Strom und seinen Nebenflüssen ihre Räder drehen lassen, und leben in den Tag hinein.

Adam un Eva
of „Landlaipers"

Laienspielschar der Kolpingfamilie Ostenfelde spielt
ein plattdeutsches Theaterstück · Regie Hans Schwartze
Saal Kröger, Ostenfelde · Eintritt 5,00 DM

Wenn in den Dörfern und Städten Westfalens gefeiert wird, wenn Feste wie
das der Himmelfahrt Mariens vorberei-
tet werden (Foto aus
Warendorf), laufen Adam
und Eva staunend vor-
über, bleiben viel-
leicht auf einen knap-
pen Plausch stehen.
Aber wirklich Anteil
haben sie nicht an die-
sen Veranstaltungen
bürgerlich-katholischer
Wohlgeordnetheit. Sie
bleiben stets außen
vor. Man fürchtet, so
heißt es im Stück von
Hans Schwartze, daß sie
Läuse und Flöhe ins
Haus bringen, daß sie
möglicherweise Ungezie-
fer auf das Vieh über-
tragen.

familie Osten

k · Regie Han

· Einrichter

Fährmann, hol' über. Wie
oft mögen Adam und Eva am
Ufer der Ems stehen und
sich nach einem anderen
Ufer sehnen, nach der Ge-
borgenheit in einer haltversprechenden
Umgebung? Hat ein Fährmann nördlich
der Provinzialhauptstadt Münster jemals
gesagt: »Nun kommt mal, für euch fahr'
ich umsonst.«?

ch fün
owwer
e häww

rneene
de e
glöww, dat de annere auck eenen
sick wat ut maken! Dao bruuk ick
biättken to ännern. Ach, an den
hangen? Du, Stina, wat sall ick
biätken plummerös in't Liew.

Tönn: (für sich) Wat is di dat doch en

Stin: Is met den Hubert wat nich in Uor

Eva : So kann man dat nich seggen. Un
sall up juen Hoff gaohn, dao was
patt ...

Stin: Üm Gotts Willen, Eva, segg faorte
wärt ratz unwies.   *deutlich!*

Eva : (für sich) Unwies, jau dat geiht!
nich miene Schuld, met den Junger
Uorder, owwer sine Moder häww mi
eene ganz seltene Krankheit!

Stin: Un wat is di dat för 'ne Krankhei

Eva : Vullmaundritis!

Stin: Vullmaundritis? Wat is denn dat?

Eva : Ümmer, wenn Vullmaund is, dann do
nien Mensken verleiwen. Un dat Le
nix weet. Un no leiger is't, dat
erinnern kann, dat he den annern

Jeht
xidw
Eva
(Sva reds)

Adam un Eva of „Landlaipers"

Laienspielerschar der Kolpingfamilie Ostenfelde spielt
ein plattdeutsches Theaterstück · Regie Hans Schwartze
Saal Kröger, Ostenfelde · Eintritt 5,00 DM

| 26. | 30. | 6. | 7. | 12. | 14. | 21. | 21. |

Hans Schwartze schreibt 1995 ein Bühnenstück, das in seltener Eindringlichkeit
verhuscht-verpfuschten Lebenswegen folgt.
Jede Zeile, jeder Buchstabe sitzt. Das
Dorf Ostenfelde - hier eine
Teilansicht des ortsnahen
Herrenhauses Vornholz-Nagel -
macht wieder einmal als Hort
wohlgepflegter Laienspiel-
kunst von sich reden.

…ot us leiwer singen!

Adam un Eva schlüert heran,
Adam hät fief Büxen
un se twiälw Röcke an.
Se humpelt up de Straot harüm
stött's se an, dann fallt se üm.

…ngfamilie Ostenfelde spielt
…tück · Regie Hans Schwartz
…lde · Eintritt 8,00 DM

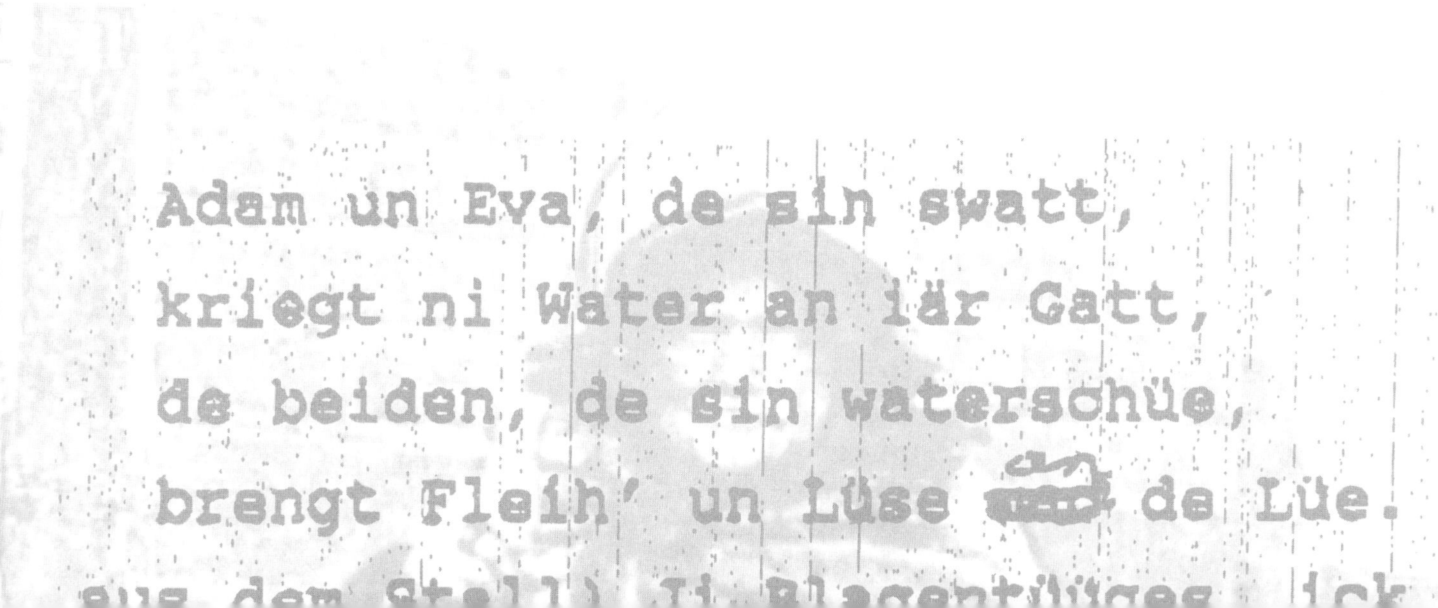

Adam un Eva, de sin swatt,
kriegt ni Water an iär Gatt,
de beiden, de sin waterschüe,
brengt Fleih' un Lüse [illegible] de Lüe.

Adam un Eva of „Landlaipers"
Laienspielschar der Kolpingfamilie Ostenfelde spielt
ein plattdeutsches Theaterstück · Regie Hans Schwartze
Saal Krüger, Ostenfelde · Eintritt 5,00 DM

Von Düwelsblagen, Krottsäcken, Gräsapen und Quaterbücksen

Das Plattdeutsche besitzt herrlich plastische Schimpfwörter, die Hans Schwartze geschickt in sein Stück einzubauen weiß. Adam und Eva haben sich diese griffigen Verbalinjurien, wie es heißt, tagtäglich auf ihren langen Wegen an die Köpfe geworfen. Hier folgt eine kleine Auswahl.

Achterrüggsken

»He is'n laigen Achterrüggsken!« Nur böse, also laige Menschen tun etwas hinterrücks, nämlich achter- oder ächterrügges.

Achtzigdalerpiärd

heißt eine Frau, die ein arg üppig geratenes Gesäß mit sich trägt – ein Gesäß, wie es die mächtigen kaltblütigen Ackerpferde besitzen. Hintern, Hinterteil, Mäse, Achterdeel, Ächterpand – der niederdeutsche Volksmund ist nicht wählerisch, wenn er das weibliche Gatt bezeichnen will.

Apenköster,

nämlich Affenküster muß sich jemand schimpfen lassen, der zur Schrulligkeit, zur Spaßmacherei, zu dummen Scherzen neigt. Die Aperie, die Affigkeit, kann narrhaftes Verhalten ebenso bezeichnen wie betont hoffärtig-geziertes Betragen.

Blomenkunte

heißen Frauen, die allzu grelle Kleider tragen, zuviel bunten Tand und auffallende Blumen an der Kunt, nämlich ihrem Gesäß.

Bollerkopp,

Ballerkopp, Bollerbuxe, Bollerjan, Büffel und Ballerbüsse, Ballerbüxe ist ein Mensch von grobem Zuschnitt. Beim geringsten Anlaß brüllt er los, dieser Choleriker, und deckt seine Mitmenschen mit polternden Wortkaskaden zu.

Dämlack

heißt einer, der nun mal dämlich ist, leider nicht mit geistigen Gaben gesegnet. Der arme Blödmann, Döskopp, Dösbaddel, Dummerjann, Stoffel und Töffel!

Düwelsblagen

sind Teufelskinder, die hart arbeitenden Erwachsenen immer wieder ins Handwerk pfuschen und den geregelten Tagesablauf stören. Ein Düwelswief ist eine Frau, die arglistig ihren Vorteil sucht, ein Düwelskerl der sprichwörtlich bekannte Tausendsassa, ein Düwelsstrick eher ein tückisch-verbissener Typ.

Gaffeltange

schimpft man ein zänkisches Weib, das einem als Ohrwurm penetrant in den Ohren liegt.

Gräsapen

heißen unerfahrene junge Menschen, die schon alles und vor allem besser wissen.

Kloppe

heißt im Plattdeutschen jene scheinheilige Betschwester, der man nachsagt, sie sei eine Heilige in der Kirche, ein Klatschweib (»Klappai«) auf der Straße und ein Teufel im Haus. »Dat beste Piärd in de Midde, sagg de Düwel, dao gonk he tüsken twee Kloppen.«

Krottsäcke

sind arme Krauter - kleinwüchsige Menschen, die niemals auf einen grünen Zweig kommen werden.

Küerdaise

(Daise-Dose) schimpft man jene Klatsch- und Tratschweiber, die nichts anderes im Sinn haben, als möglichst schnell viele schlechte Nachrichten über ihre Mitmenschen in Umlauf zu bringen.

Küerklaos

heißt der Schwätzer. Sobald er den Mund aufmacht,
kommt schon dummes Zeug heraus.

Liederwams,

ist ein Taugenichts, der ständig liederliche Pläne
ausheckt.

Muulaapen

sind Menschen, die die sprichwörtlichen Maulaffen
feilhalten; sie stehen blöd und untätig herum und
gaffen in die Gegend.

Nieggenklauk

heißt der Neunmalkluge, der Klugscheißer, dem alle
anderen als dumm und unbedarft gelten. Die Weisheit
hat er allein gepachtet.

Patrööner,

auch Patroiner. »Er ist mir ein merkwürdiger Patron«,
heißt es, ein Mensch, der gern sehr eigenartige Ansichten vertritt und merkwürdige Manieren an den Tag
legt. Der »Eegenpatrööner« ist ein eigenwilliger
Mensch, der gern für sich selbst wurschtelt. Was geht
ihn das Denken, Tun und Lassen der anderen an?!

Quaterbückse,

Quaterbühl, Quaterdaise, Quaterkopp, Quaterkunte,
Quatermäse, Quatertriene - sie allesamt sind jene
Schwätzer beiderlei Geschlechts, die anstelle des
Hirns ein stets offenes Mundwerk haben.

Stiefliär

muß sich jener steiflederne Mensch schimpfen lassen, dessen geistige Regsamkeit ebenso zu wünschen
läßt wie seine Bewegungen. Er steht sich selbst
und anderen im Weg, ebenso wie der »Staohinwäg«,
den Meister »Stehtimweg«.

Schnottliäppel,

das ist der hochdeutsche Rotzlöffel. Vorlaut ist
er und frech und mitunter noch körperlich unge-
pflegt dazu.

Schinnaos.

Wer so tituliert wird, als »Schindaas« also, ist ein übler Nichtsnutz mit miserablem Charakter.

Traondott

heißt jener verträumte Menschentyp, der nur mit sich selbst beschäftigt ist, in sich selber hineinhorcht und seine innere Welt niemals nach außen kehren wird.

Wehrpaohl

nannte die Großmutter von Rainer A. Krewerth ihren wuseligen Enkel, ein unruhiges Kind, das niemals stillehalten wollte. »Dat Wirtschaften un Wehren häört mi up - Das Spektakel hier hört mir auf!«

Der Autor dieses Bandes über das Landstreicherpärchen Adam und Eva verweist auf zwei Bücher, in denen plattdeutsche Schimpfwörter gesammelt und erläutert sind.
Rainer Schepper, »Plattdeutsches Schimpfwörterbuch für Westfalen«, Verlag Schuster in Leer, 1992, und
Rainer A. Krewerth, »Jovel, Schofel, Apenköster etc.«, Verlag Coppenrath in Münster, 1986

Ich hätte mich gefreut, mit meinem Vater
Alex Magnus Krewerth (Foto) über all dies
sprechen zu können. Als Sohn eines Schneider-
meisters – auch Adam alias Anton Micheel
war ja Schneider – kam er 1909 in Everswinkel zur Welt. Er starb in Oelde am
12. November 1946. Ich war etwas über drei
Jahre alt; er konnte mir nichts mehr sagen,
ich konnte ihm noch nichts erzählen.

Ihm widme ich posthum diese Schrift in dem Jahr, da er genau
50 Jahre tot ist.

Steht Alex Magnus in der viel-
köpfigen Blagenreihe, die sich
im Jahre 1912 am Everswinkeler
Kirchplatz für den Fotografen
aufbaut? Für
den erwar-
tungsvollen
Empfang von
Adam und Eva?
Manche Fra-
gen bleiben
offen.

// Arbeitsplan Adam + Eva, letzte Pha... Oktober...

1.) Herrn Willy Weyres fragen: WA...
   Typoskript, Fotos, Nachlaß Th. We...

2.) Manuskript tippen lassen, Gertr...

3.) Landeskonservator: historisch...
   Aufnahmen Harkotten, Vornholt...
   etc. / Elli Grüttner, P. Sailer, 1929 (2x)

4.) Pfarrämtes Hainkes, Werste-
   broch, Bittinsachverzeichnis ist + ... = H. Böckerhoff

5.) Bildpostkarten = H. Böckerhoff   * evtl. Tisch-

6.) Fotos Vaters Klek   platt Everswinkel

(Eugenie)

7.) Frau Hainkorh,
   Abbildung tippen ..., ca. 1925

8.) Mess. lesen lassen: Hinweis
   das so, im das stimm...
   ACHTUNG, DATEN! ...

9.) Bei Deck...

Bildnachweis

Titelseite, S. 7 rechts, 14, 15 unten, 16, 17, 40/41, 44, 55, 56/57, 58 unten, 59 unten, 62 unten, 63, 65 rechts, 68/69, 70, 72 rechts, 75 unten, 84, 85 unten, 86, 87, 94 Sammlung R. A. Krewerth;

S. 2/3, 8/9, 15 oben, 28, 30 links, 31, 45, 46, 51, 74 rechts aus dem Nachlaß Theodor Weyer, freundlicherweise zur Verfügung gestellt von Willy Weyer;

S. 4, 30 rechts, 50 (Mühle), 53 unten (2), 61, 88 Elli Grützner/Schnell Buch & Druck;

S. 6/7 (großes Bild), 19 rechts, 62 oben, 85 rechts Stadtarchiv Telgte;

S. 10/11, 12/13 (großes Bild), 18/19 (großes Bild), 32/33, 52 (2), 64/65 (großes Bild), 74 links, 76/77 Westfälisches Museum für Naturkunde;

S. 12, 47, 49 (Kaserne), 53 oben, 59 links Verlag Aschendorff;

S. 20/21, 22, 24 unten, 25 Westfälischer Heimatbund/ Westfälischer Heimatkalender 1972;

S. 24 oben Volkskundliche Kommission für Westfalen;

S. 26 Manfred Kronenberg/Privatbesitz Heinz Reifert;

S. 27 Dr. Bernhard Riese;

S. 34, 36, 37 Archiv Warendorfer Karnevalsgesell- schaft/Franz Buxbaum;

S. 38, 78, 79, 80, 81, 82, 83 Spielschar der Kolping- familie Ostenfelde;

S. 42, 43 Edler/Westfälische Nachrichten;

S. 48 (2), 48/49 (Hintergrund) Kreisarchiv Waren- dorf;

S. 50 (Dieck, Vornholz), 52 (Loburg, Harkotten-Ket- teler) Archiv Westfälisches Amt für Denkmalpflege;

S. 58, 60/61 (großes Bild), vorderer und hinterer Vorsatz und Rückseite Udo Scherello

Verlag, Autor und Gestalter waren bemüht, alle Bild- rechte zu klären.

Landwirtschaftsverlag GmbH, Postfach 480249, 48079 Münster

© Landwirtschaftsverlag GmbH, Münster-Hiltrup, 1996

Grafisches Konzept, Layout, technische Vorstufe: MEDIUM Arbeitsgemeinschaft für Kommunikation und Design GmbH, Beelen

Technische Herstellung: LV Druck im Landwirtschaftsverlag GmbH

Gedruckt auf chlorfrei gebleichtem Papier

Printed in Germany

ISBN 3-7843-2819-9